书山有路勤为径，优质资源伴你行
注册世纪波学院会员，享精品图书增值服务

4C 工具图解

道：知行合一

跨越三个边界—打开"三器"

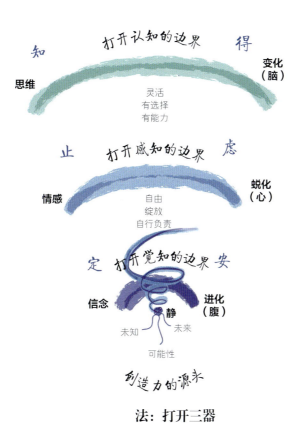

知　打开认知的边界　得

思维　　　　　　　　变化
　　　　　　　　　　（脑）

灵活
有选择
有能力

止　打开感知的边界　虑

情感　　　　　　　　蜕化
　　　　　　　　　　（心）

自由
绽放
自行负责

定　打开觉知的边界　安

信念　　　　　　　　进化
　　　　　　　　　　（腹）

静

未知　　未来

可能性

创造力的源头

法：打开三器

4C 理论架构

术：4C 流程

STEP——觉察模型 四种对话、两种模式

器：STEP 流程

4C团队教练

共创一个联结的世界

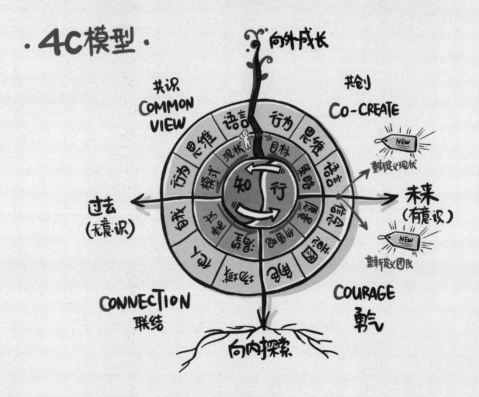

隋于军 · 著

电子工业出版社
Publishing House of Electronics Industry
北京 · BEIJING

图书在版编目（CIP）数据

4C 团队教练：共创一个联结的世界/隋于军著. —北京：电子工业出版社，2024.5

ISBN 978-7-121-47713-3

Ⅰ．①4… Ⅱ．①隋… Ⅲ．①企业管理－组织管理学 Ⅳ．①F272.9

中国国家版本馆 CIP 数据核字（2024）第 077404 号

责任编辑：吴亚芬　　　特约编辑：王　璐

印　　刷：天津千鹤文化传播有限公司

装　　订：天津千鹤文化传播有限公司

出版发行：电子工业出版社

　　　　　北京市海淀区万寿路 173 信箱　　邮编：100036

开　　本：720×1000　1/16　　印张：17.5　　字数：295 千字　　彩插：16

版　　次：2024 年 5 月第 1 版

印　　次：2024 年 5 月第 1 次印刷

定　　价：98.00 元

凡所购买电子工业出版社图书有缺损问题，请向购买书店调换。若书店售缺，请与本社发行部联系，联系及邮购电话：（010）88254888，88258888。

质量投诉请发邮件至 zlts@phei.com.cn，盗版侵权举报请发邮件至 dbqq@phei.com.cn。

本书咨询联系方式：（010）88254199，sjb@phei.com.cn。

好评如潮

在各类组织和系统中，总有一些问题是理论、逻辑和流程解决不了的。这就需要我们进入到一个更深的"场域"中，允许生命自由舒展地联结创造力本源，共同接引和引领那个正在涌现的未来。唠哥的 4C 团队教练体系，不但从东西融合的视角帮我们解构"生命系统"，更让我们通过他十年磨一剑的深刻体悟，一窥团队共创的奥妙。

——徐莉俐

麻省理工 u.lab 中国创始合伙人

这本书涵盖了一系列关键概念，包括共识、联结、勇气和共创未来。唠哥结合 20 多年的研究实践、东西方领导力的智慧，提出了一种独特的思维模式和方法，帮助团队克服障碍，实现共识和联结，鼓励团队成员展现勇气并共同创造未来。这本书不仅为我的工作提供了宝贵的指导，还激发了团队成员的创造力和潜力。我坚信，这本书将为其他企业高管和团队教练带来同样的收益和启发。

——亢雅君

曾任丝芙兰 SEPHORA、ToryBurch、Claires、
上海家化四家跨国企业 CEO
芙艾医疗创始人
创问生态科技创始合伙人
美国 SCC 认证 CEO 教练
中欧商学院创业导师

团队中的每个人分开了只是一滴一滴的水，聚在一起就是一个海洋。团队中无论多大的事，本质上都是由一件一件小事组成的。在这本书中，唠哥将如何有效面对团队中的人与事，以及既对人又对事的辩证统一，讲得清清楚楚。更重要的是，在这本书中，唠哥用一系列清晰的理论框架、众多翔实的实践案例，让团队教练的学习者和实践者有理论可依，有抓手可用，能更有效地通过团队教练方式对团队进行有效的干预和赋能。这是一本值得拥有的实操性极强的用于研究和实践团队教练的指导手册。

——贺拥军（Jeff）

国际教练联合会（ICF）认证大师级教练（MCC）

施耐德电气（中国）有限公司原人力资源总监

这是一本钻石般多面向、多姿多彩的书。它的多面向来自理性与感性、意识与潜意识、个体与集体、人类与世界等角度的次第绽放；它的多姿多彩表现在平面的文字所展开的居然是立体的、鲜活的、由无数多元各异的角色所共创且持续演绎中的 4C 团队教练大剧场上。这不仅是一本书，还是作者、创问中心、创问教练和创问客户用生命与生命的彼此交汇、滋养、碰撞所凝结和生发出的创造力之海，极浩瀚又极深邃，来自过往更通向未来。

吴雁燕

国际教练联合会（ICF）认证大师级教练（MCC）

马歇尔·戈德史密斯认证高管教练

高管教练、高管团队教练、高管教练导师

《成就卓越》《战略性变革：领导力致胜》和《教练我》

（*Coach Me!*）联合作者

这本书是一个当前急需的宝库，展示了具有同在感、正念和有意识的行动带给团队的力量。一个团队只能在其集体能力发挥最佳时运作，对于很多个体来说，团队的天然属性则会削弱他们的个人贡献。唠哥为我们讲述了意识、认知以及关注力是如何形成、运作和创造团队的。这本书无疑将对世界产生深刻而持久的积极影响。

——丽莎·韦恩（Lisa Wynn）

国际教练联合会（ICF）认证大师级教练（MCC）

创问教练中心核心导师

国际教练联合会（ICF）认证考官、指导委员会主任委员

2017 年英国最具持续性教练项目获得者

"2021 拉姆·查兰管理实践奖"获得者的企业教练导师

《专业级教练(PCC)认证手册》畅销书作者

Allow 所著的这本关于团队教练的书籍，其在理论和实践策略的结合上极富洞察力，为新手以及经验丰富的教练提供了全面的指导。Allow 专注于促进合作、增强团队活力以及实现可持续的结果，对于希望提升教练实践效果的人来说，这本书是宝贵的资源。我强烈推荐这本书给那些寻求释放团队全部潜力并推动组织成功的人们。

——佐然·托德偌维奇（Zoran Todorovic）

国际教练联合会（ICF）认证大师级教练（MCC）

创问教练中心"进化教练"创始人

TNM 国际教练集团主席

谷歌、原 Facebook、LVMH、微软、世界经济论坛等全球《财富》

500 强企业的高管教练

《进化战略家》作者

最熟悉的陌生人

前不久有位进化教练过生日，也是唠哥的教练客户，唠哥很上心，给她安排了一个家庭式的生日聚会，她问起我和唠哥认识多久了？我想了想："21 年。"

她又问我："这么久不烦吗？"

我笑了笑："是挺烦的"，心里想说但没说出来的话是："21 年了他也没想着给我过一个生日，能不烦吗？"

居然 21 年了，多年之前我只是觉得他是一个不错的朋友，正直、阳光、仗义，在一起就听他开玩笑、讲笑话，也不知道他哪句是真哪句是玩笑。

后来学教练了，也不知为什么感觉他变成了一个相对靠谱的人，能一起正经说说话（就是教练约谈）了。

但在创办创问之后，才感觉于我而言他更像一个熟悉的陌生人，原来生活当中还真有这样性格的人。

慢慢了解他，是一段没有终点的旅程，也是透过唠哥的镜像观察自己，认识自己，超越自己的蜕变之旅。

出名 VS 传承？

自创问成立，我们陆续引进了不少国际课程与大师级教练，也翻译出版了若干书籍，我想唠哥是创问的专业掌门人，所以我一直催促他写几本书。

2013 年，他洋洋洒洒地提笔写了一本书的草稿，定名为"纯净的教练"，我连看都没看，就打算找出版社商量出版的事情，过了一段时间唠哥自己就把这本书"枪毙"了。他说感觉里面没什么自己的思想，还只是拼凑，无法拿去出版。我劝他说："有本书总比没有好，创问的品牌也很需要先有本书。"

他说为了品牌快速出本书是违背他本心的，**他希望出本书是真的给社会和他人带来一些意义和价值，而不是让大家更加迷惑，他把这看成是一份传承。**

念念不忘，必有回响，若干年过去，书还是没有出版，但我们陆续出品了：能量卡、上上签等一系列周边产品，并在 2017 年与进化教练们共创了**"纯净教练"课程**流派，秉承了唠哥当年写书的初衷，真的服务了很多人，也给整个社会带去了价值。

唠哥一直没有放弃要写一本可以传承的书，他开创并实践了 9 年多的**"4C 团队教练"**，光是写序言就写了几十稿，不厌其烦地提笔、完成、"枪毙"……

直到有一天，他和我分享一位他欣赏的作家，如何花了 27 年写了一本书。

我就从此放下了追逐与催促，我想他如果一辈子能做成一件事情，**应该就是写一本可以传承的书吧。**

没想到有生之年还能够为之写序，讲讲我们之间发生的故事，深感奇妙！

恐惧 VS 希望？唠哥的别墅办公梦

还记得那是 2013 年初，我们正准备选址创办教练中心，我说找个便宜点的写字楼或商住楼吧，交通方便就好，当时觉得自己还挺有经验的，毕竟在此之前我有过十年创业经历。

我风风火火联系了中介开始看房，唠哥跟着我跑了两个地方就拒绝再跑了。

他说这样的话他还是不干了，这不是他想要的，他下半生没法朝九晚五地往暗无天日的写字楼跑。

他的"威胁"很有效，我问他想要什么样的地方，他说这是我们自己可以发呆、喝茶、谈话、接待朋友的地方，一定要很特别、很舒适，要有自然环境，要有花花草草……

于是，我们从看写字楼改成看各种没有预算限制的别墅洋房，看了一个又一个，一个又一个，最后咬着牙落脚在之前的上海新华路中心。

从这第一个事件中我看到我们的不同，原来真有人只是为感受而尽情活着，如果用隐喻来形容，我是写字楼，有板有眼、安全靠谱；他是别墅，独特奔放、任性创意。

虽然当时为预算纠结得要命，我还是一边晚上做着公司倒闭的噩梦，一边 follow 了别墅的梦想。

无独有偶，多年以后，在疫情的重击下，需要重新选择深圳创问的地址，同样的情形又再次重现：我主张去郊区的小联排，他坚持市中心的大别墅，最后我们选择了后者。

不同的是，这一次我没有做噩梦，好像自然而然就允许了。

心，打开了就没有恐惧。

未来何来？团队教练本人的现实考验

创问刚起步的两三年是非常艰难的，一直在生存与梦想之间游走，我们的合作在磨合，我们的团队全是新人，我们的状态在摇摆。

我记得当时团队经常在一起开会，唠哥每次参加的时候都会声情并茂地谈论他向往的未来场景与画面：我们在花园般的环境中工作，彼此关爱，工作就是生活，不再为生活而工作，无比富足……

我们的小伙伴，都像看神一样看着他，也许有点不知所云，也许就听到了一句"无比富足"，久而久之，内外的富足好像都没有发生在我们身上，大家的疑惑越来越重，包括我自己。

2015 年初，我们遭遇了一次 1/3 员工集体辞职的重创，我们全体再次坐在一起，来了一次真心话大冒险。

有新入职的伙伴提道：**"我刚进来，就有老员工和我说，唠哥的话你听听就好，他说的都不作数的。"**

唠哥有些受伤，大概也明白大家的意识层级不在一个层面上。从此他选择不再参加公司的会议，也轻易不在公开场合谈论未来。

我们的组织，包括我都还没长那么大，所以连谈论都会带来冲突，仿佛谁谈论，谁就要对大家的未来负责任：我现在过得不好，是因为你给了我不切实际的期待。

那两年，我们的冲突很多，起初我对唠哥的评判也如滔滔江水，我心里会有一个强烈的声音：如果没谱就不要说，能说的必须是 100% 有把握变成现实的。

这样没有说出口的评判肯定也让他非常不舒服，所以我们就在这样的"现实"中磨合，他在对我、对伙伴们说话时都变得有些小心，我也强迫自己聆听他分享时的真实意图。

这样的过程就如同教练的修炼一样，如何透过事情，透过谈论的内容关注到背后的这个人，我感觉我是这样慢慢了解他，**了解谈论未来对于人的意义的，只有自信拥有未来的人才有能量谈论未来。**

我开始慢慢从"务实"的盒子中走出来，"未来"不再是我们谈论的禁区，"未来"也在谈论中越来越清晰，越来越近。

时至今日，创问已经走过第十一个年头了，之前我们谈论的很多"未来"已经变为现实。

虽然我有时候还是会忍不住叮嘱他："说这个部分的时候悠着点，也许大家现在还同频不到这样的画面。"

但不知不觉中，我自己和我们的团队慢慢成长为"未来"型，我们能非常轻松自在，漫无边际地谈论未来，相信未来，实现未来，而不是掉在现实的坑里不停地挖。

如何拿捏？团队中的"允许"考验的是每个人

有一年我们分歧很大，话不投机，吵得也很凶，以至于我自己感觉完全没有能量，没法继续一起往前走了。

大家都知道"唠哥"这个江湖称号的由来，源于他的英文名"Allow"。

其实他之前的英文名并不是这个，是在一次"进化教练"的课堂上，他要求每个学员在自己名牌的背面写上一个词，这个词是自己最想拥有的一种状态。

他在自己名牌背后写上了"Allow"，很多学员误以为这是他的英文名，就不断地这样叫他，每叫一次都是在提醒他允许，后来他就顺势把英文名改成了"Allow"。

这个名字于我而言像一把尺，我一直拿这把尺在量他，看他是不是允许，当然感受不到他对我的允许。

我感觉我们彼此并没有允许，我对他很挑剔，他对我这样或那样的表现也很有情绪，有时候一言不合，他就甩脸走人，留下我在错愕中……

特别生气的时候我建议他把名字改成"No Allow"。

我的分道扬镳的念头一直在脑海中盘旋，我想我必须要做一个决定了，刚好手边有一套能量卡。

我对自己说，抽一张卡，如果抽完了卡，你的念头还是这样强烈，就终结吧，我闭着眼睛，凭感觉抽，抽到的关键词居然是：接纳！

我惊呆了，如此的应景，直指内心。

我不由得放下了分道扬镳的想法，想起这套能量卡还是唠哥在创问创建初期设计的第一个产品，当时是抱着能为杉树公益筹款的初衷做了这套卡片的，在阳光房写了三天。

据他自己所说，当他书写这些语句时的感觉是文思泉涌，如有神助，而且这套神奇的卡片出品之后多次再版都没有修改过一个字，每次想改都觉得没什么地方需要改。

对于一个这么有才华的合伙人，我发现自己的状态是完全不臣服的，我总是拿自己的标准去衡量他，所以在和他交互的过程中有很多评判，甚至是无言的忍受。

我决定调整状态，重新开启欣赏和感恩的对话，**我和他分享我抽卡的经历，他笑得有点背过气，回应说："你怎么才看到我的智慧。"**

在生活中，我们很容易无意识地把陌生人相处成熟人，从此对他失去好奇，也没有了距离，没有了各个角度与距离产生的美。

和唠哥深度合作的这十一年，我感觉是一个不断自主地把熟人相处成陌生人，陌生人变成熟人，熟人再次转化为陌生人的过程。也如同4c团队教练，不断经历着从无意识走向意识化的过程。

此刻能够提笔写他，我感觉自己又完成了一次进化，期待他永远是那个最熟悉的陌生人，还有我那总被唠哥嫌弃的"俗"愿：祝新书大卖！

何朝霞 Tess

创问教练中心创始人

目　录

引言一
创造力的源头

2013 年，我和合伙人 Tess 一起成立了创问中国教练中心（以下简称"创问"），开始专注于职业教练的培养，并把工作的重点聚焦于提升职业教练的社会影响力。也是 2013 年，我们在位于上海新华路 345 弄的教练中心里，迎来了《U 型理论》的作者——麻省理工学院的奥托·夏莫博士，以及他的中国合作伙伴徐莉莉女士。那是一次非常开放且愉快的交流，奥托·夏莫博士对我们所做的一切非常感兴趣，问了很多问题，也对我们所做的教练事业给予了极高的评价。在离开教练中心前，奥托·夏莫博士赠送给我一本《U 型理论》，并在扉页写下："For the great presence & change you bring into the world."直到今天，这段赠言还激励着我努力为这个世界带去更多的"临在与改变"，这是奥托·夏莫博士对我们工作成就的肯定，也为我们指出了努力的方向。在那次会面之后不久，奥托·夏莫博士与彼得·圣吉就在创问举办了 Ulab 工作坊，在进化教练的大家庭中播下了第一颗"U"的种子。今天，这颗种子已经长成参天大树——至少十几万人在进化教练们的影响下走进"U"、学习"U"、传播"U"。

奥托·夏莫博士指出，《U 型理论》用"格物致知"的精神为这个世界架起了理性与感知、科学与灵性之间的桥梁，为人们描绘了一套推动社会转型与变革的技术。奥托·夏莫博士的《U 型理论》致力于探索人类集体创造力的源头，指出了人类集体的一个盲区，那就是"场域"

的源头，奥托·夏莫博士认为这里是集体创造力的发源地。

最早了解到"场域"这个概念是在进化教练的课堂上，我意识到了人们身处的空间质量影响着人们的感知，进而左右着人们的语言、行为和思维。然而，当我看到奥托·夏莫博士用土壤（Field）来比喻人们赖以生存的"场域环境"的那一刻，我明白了"场域环境"不仅影响着人们的感知，还决定了人们的生命状态。如何提升组织整体的生命状态？这一直是我工作的重点，因此《U型理论》也成为我研发"4C团队教练"非常重要的参考文献。

彼得·圣吉为《U型理论》所做序言的第一句话是："人类最伟大的发明是创造的过程，是提出新现实的过程。"毫无疑问，《U型理论》就是这样一个伟大的发明。也正是在奥托·夏莫博士和他的《U型理论》的鼓舞下，我鼓起勇气走上了自我的发明之旅——探索团队创造力的源头。

对我而言，这是一趟回归自我的旅程，是一趟极致艰难也极致美好的旅程，在整个过程中，我痛并快乐着。

我知道，我需要慢下来，从头开始。

引言二
踏上回归之旅

直面全新的现实

在过去很长一段时间里，企业的领导者需要明确清晰的目标，制定有效的策略，不断提升团队的执行能力。领导者居于整个组织系统的中心，拥有最大的权利，承担最大的责任，团队只是领导者实现具体想法的执行工具。这种领导与决策模式的优势是简单高效。同时，其劣势也非常明显，整个组织的创新与创造力完全依赖领导者的个人能力，领导者承担着整个组织成败的压力，也成为整个组织成长与发展的天花板，这种传统的领导力模式已经不再适用于今天快速变化的外部环境了。

今天，企业赖以生存的外部环境正在发生前所未有的巨变，计算的速度、通信的速度、分析问题的速度、信息产生的速度……都在呈指数级增长，这一切都在加速经验的失效，也令事物发展的生命周期大大缩短了。原本缓慢的、有规律的和可控的环境，现在因为速度、节奏的加快而变得难以识别、预测和掌控，最终形成系统性失控。并且，变化还在持续加速：许多事情同时发生，方向越来越不清晰，集体的目标感大大减弱；无法依据经验行动，必须进行更多无效的尝试，犯错的概率变大；组织成员之间的关系越发错综复杂，关系上的卡点与内在张力大大增加，合作的重要性和难度同步增加；创新变得越发艰难……

不仅环境变了，一起工作的人也变了。企业新生代员工的思想更加自由，价值观更加多元，他们有着更加独立的自由人格与自主意识，表达自我的想法和运用创造力成为他们的基本需求。其中一部分人已经不再单纯为金钱而工作，甚至有些人已经非常富有了。他们对"环境的温度"要求更高，追求归属感和成就感；他们更加关注集体意识，不再简单崇拜权威；他们对激励方式提出了更高的要求，按照绩效水平进行奖励与提升的方式已经无法满足他们的需求。需求的多元化也要求激励更加个性化。他们对自我成就有更高的需求和渴望，相比之前的任何一代人他们都更加需要即时满足。

面对突如其来的变化，多数领导者的第一反应是更加快速地思考、分析、判断与决策。然而头脑旧有的思考与处理问题的模式已经无法满足变化的节奏，于是领导者不得不投入更多的时间与精力，开更多会议，做更多沟通和更多赋能。人为地逼迫自我加快速度，时间、精力、脑力与体力都被拉伸到了极限，个体所承受的压力越来越大，每个人都因为能量的过度消耗而随时处在情绪崩溃的边缘，整个系统内部的张力也越来越大，似乎随时都有崩盘的可能。

在旧的管理系统中，管理者的主要任务是管控，让一切按照既定的策略发展。在VUCA（乌卡）时代，现状中的一切变得越发不确定与模糊，没有什么必然是正确的，旧的经验在加速失效，新的能力尚未形成，企业的管理者们面临前所未有的挑战。必须承认，这个时代的发展已经超越了人们固有认知系统的边界，"经验主义的时代"已经成为永久的过去时。

企业和个人都在追求物质目标的实现，并且把物质上的回报作为价值衡量的核心标准，这带来了物质上的丰盛，同时导致了精神上的匮乏。2022年，大环境正式从VUCA进入BANI（巴尼）时代，整个人类集体都进入一种空前焦虑的状态。忙碌的工作不仅不能为人们带来精神上的满足，反而因为对人们内在需求的无视，导致很多人开始怀疑工作的意义，甚至越来越多的人开始逃离职场，企业现有的管理系统遇到前所未有的挑战。

今天的企业必须直面这些颠覆性的变化，短视的功利主义注定无法长久。企业必须重新定义自身存在的价值，重视人们对于自我实现的追求，把人的自我成长放到真正重要的位置上。自我实现和自我成长给人们带来的是成就感，这是人类最高层级的需求，相比物质层面的满足，成就感带来的是精神上的满足，能释放人们内心深处的热情，激发出生命力中所蕴含的能量。

人类集体的进步从来都无法依靠个体来完成，必须依赖新合作模式。每次新合作模式的出现，都会带来人类价值的整体跃迁和巨大进步。新合作模式必然能够帮助每个人在更大程度上超越"我"的局限，发挥出"我们"的价值。无论"我"如何努力，都无法替代"我们"的价值。

"我们"是一个完整的有机生命体。要成为"我们"，不仅需要在头脑思维层面接受"我们"这个概念，还需要在内心层面情感相通，形成真正的利益共同体，并拥有共同达成目标的坚定信念，否则永远无法成为真正意义上的"我们"。

从"我"到"我们"是一趟每个人回家的旅程，是人类集体回归的旅程，是通往美好的必经之路。

从"我"到"我们"只隔着一道"窄门"，却是两个截然不同的世界。

1．赋能——势

管理者要做的只有一件事情，就是如何对抗"熵增"，这个过程会让企业增强生命力，而不是默默地走向死亡。

——彼得·德鲁克

所有一切的运作都是能量流动的结果，能量是这个世界的创造者，并且是唯一的创造者。只有在能量足够的情况下，企业的组织系统才能运作。团队的能量水平决定了团队目标的设定与达成。一个高能量的团队会直面更大的挑战，设定更高大的目标，并且更加容易创造性地实现目标。

企业组织系统运作的能量有两个来源：一个来源是从外在注入能量，如薪酬、培训、团队建设、奖励、激励等；另一个来源是通过激活系统内在的生命力，释放出生生不息的能量。无论是从外在注入能量，还是激活内在生命力中的能量，都是为企业组织系统赋能。这个赋能的过程就是管理学大师和企业家们经常提到的——对抗"熵增"。组织发展就是一个不断生成新的能量，对抗"熵增"的过程。

"熵增"是一个系统的问题，系统的问题必须通过系统本身解决。如果引发"熵增"的系统机制没有改变，仅通过系统外部的能量输入对抗系统内在的能量损耗，只能是饮鸩止渴。随着"熵值"的增加，依赖外部赋能的方式将难以为继。这就像在茶杯底部有个漏洞，如果没能看到漏洞并及时修复，只是不断地向里面注水，茶杯里的水就永远没办法注满。

"熵"是一个物理学概念，其本质是衡量一个系统内在的混乱程度。"熵增定律"指出，孤立系统会因其内在混乱程度的增加而带来能量损耗的加剧——孤立系统自身的混乱程度和其生命周期成反比。薛定谔认为，人活着就是在对抗熵增定律，生命以负熵为食。物理系统没有主动对抗"熵增"的能力，必然按照"熵增"的规律加速消亡。所有的生命都在对抗"熵增"，生命存在的本质就是对抗"熵增"。组织系统本身就是一个有机的生命体，要想延长一个组织系统的生命周期，所要做的就是加强能够带来"负熵"的积极因素。既然"孤立系统"和"内在无序"是"熵增"的两个必要条件，那么新的组织形态就需要探索新的合作模式——强化人与人之间的联结，提升人与人之间的同频共振。我们需要提升组织系统的整体性和一致性，喂养组织中人的生命力，以对抗"熵增"所带来的消极影响。

企业组织系统在对抗"熵增"的过程中不断自我发展与完善，表现为组织形态的不断进化。尤其是近年来，各种新的组织形态不断涌现出来，如学习型组织、进化型组织、成长型组织、社群型组织、修身型组织等。传统的组织形态正在被打破，所有这些新的组织形态都在做同一件事情——探索新的合作模式。组织形态的进化就是一个不断打破旧合作模式、形成新合作模式的过程。

团队教练通过支持团队成员从"我"去到"我们"，消融人与人之间的边界，提升团队成员思考与行动的有序性，为团队提供"负熵"。"负熵"为团队中的生命力提供食物，生命的成长释放出源源不断的能量，提升整个团队的"势"，"势"转化成团队的行动，创造出更大的成果。

2. 从"割裂"到"联结"

南怀瑾与季羡林两位大师分别在他们的讲学和访谈中多次提到——"物质与精神的割裂制造了我们人类今天面临的所有挑战"，并且他们都进一步指出，割裂包含自我与自我的割裂，自我与他人的割裂，自我与环境的割裂。萨提亚心理学也提出了自我、他人与环境这三重关系的成功，才是人们所追求的真正意义上的成功。奥托·夏莫博士的《U型理论》一书致力于探索人类集体的生态环境、集体意识形态的系统性进化，以及超大型全球化社群的治理。奥托·夏莫博士在这本书中同样借用了南怀瑾先生的教导，指出人类集体的"三大鸿沟"——自我与自我之间的鸿沟、自我与他人之间的鸿沟、自我与环境之间的鸿沟。奥托·夏莫博士通过大量的访谈与社会实践，探索跨越这三大鸿沟的技术，并发现了在"场域"的源头，自我、他人与环境完美地联结在了一起。

最伟大的寓言故事

《盲人摸象》被誉为人类创造的最伟大的寓言故事：几位盲人去摸

一头大象，每个人都只摸到了大象的一部分，却自以为知道了"真象"，直到大象走远了，盲人们还在无休止地争论着。

故事用盲人隐喻人们的感知能力先天不足，人们只能感知到自我所能感知到的部分，无法感知到自我感知能力范围之外的现实，却又都无意识地认为自我感知到的是全貌——"真象"。然而，这却并不是真正的问题，真正的问题在于人们会自动地把"没看见"和"不存在"画上等号，也许你会说："这真的是太愚蠢了。"可事实是每个人都是故事中的"盲人"。

这则寓言故事之所以伟大，是因为它像镜子一样，清晰地映照出人类集体的一个无意识的模式——自我中心。自我中心意味着人们以自我的认知系统去理解；以自我的感知系统去感知；以自我的信念系统去评估。而实际上，所有人的认知都是有局限性的，人们的感知能力先天不足，信念系统也很可能已经过时了。《论语·子罕》中宣导的四毋——毋臆、毋固、毋必、毋我，具体指不猜测、不固执、不绝对、不自我中心，其核心的教育理念都是超越自我认知、感知与觉知的边界。自我中心必然带来自以为是，"自我中心+自以为是=保护模式"，保护模式最终将形成自我的"已知和未知"的割裂，将人们固化在自我固有的认知系统之中，逐渐形成自我与自我、自我与他人、自我与场域之间关系的鸿沟。也许你会认为保护模式是因为不安全、不信任，或者是为了捍卫自我形象而形成的。其实不然，保护模式是一种无意识的行为模式，是每个人天生具备的一种模式，即本能。除非有意识，否则人们会一直被这种无意识的保护模式所控制。

认知的割裂创造了人类今天面临的三大鸿沟，除非我们能够超越自我视角，从一个更大的整体视角去观察，否则所有的割裂都会继续加大。在一个完整的整体视角中，一切事情的发生与发展都有根源，看到事情发生与发展的根源，就看到了解决现状中问题的资源。

更大的整体中总是隐藏着更大的真相，真相即智慧。

从"割裂"到"联结"就是从"已知"进入"未知"、从"我"去到"我们"的过程，是"共创一个联结的世界"的过程。

3．从系统观到整体观

系统观

系统观把管理视作科学，主张围绕目标构建系统，用系统来控制一切，是诸多西方管理理论发展的核心。系统观认为有效管理的前提是可控，因此必须尽量降低不可控的人为因素的影响，让那些被验证有效的方法得到快速准确的执行。系统观主张企业的管理者需要将整个管理的过程标准化、数字化，从而能够进行有效的控制和批量复制，以提高企业的生产效能。在过去很长一段时间内，系统观一直是企业管理学界的主流思想，许多先进的企业不断设计更加完美的系统，如人才测评系统、项目管理系统、绩效考核系统、质量控制系统……然而人与人之间的关系与合作水平并未因为系统的完善而得以提升。相反，过度的系统化扼杀了人的自主创造力与灵活性，企业也因此失去了应对环境快速变化的能力。系统观存在一个致命缺陷——人是决定系统效能的关键因素，并且人无法用标准化的系统进行定义。系统总是封闭且自我强化的，随着系统的完善，人们逐渐失去了创造的灵活性，系统越强大，人们的价值感越低。正如德鲁克所说："为了应对问题，我们建立了系统，系统反过来成了制约我们的更大问题。"

这样的工作很难给我带来成就感

我的好友是一家世界500强跨国企业的全球副总裁，在我们的一次交谈中，他向我倾诉了自己对现状的不满，他说："我现在虽然管理着几万人的团队，可是我对自我的工作越来越没有热情，这个工作根本就不需要什么创造力，我只要按照系统的要求做就好，因为按照系统做一定不会错，随便一个接受过专业训练的人都能做到，这样的工作很难给我带来成就感。"就在那次谈话的半年后，当我们再一次聚到一起时，他已经辞去了之前的工作。我问他接下来有什么打算？他说："我会把自我的余生投入到支持中国民营企业的发展上，这让我重新找回了创造的喜悦。"他还说："我认为不能简单地把企业与组织等同起来，企业和组织是两种不同的事物，组织为了实现某个具体的目标而存在，企业却必须做到以人的成长与发展为目标，需要能够服务于人的成长和成功，除非企业能够持续地释放出人的生命力和创造力，否则很快就会因能量枯竭而衰败。"

如今，到处都在发生系统性的颠覆，这并不是说我们不需要构建系统，系统本身没有问题，问题出在了旧的系统观上。旧的系统观已经成为企业生产力发展的边界，人们需要重新定义系统，重新定义系统与人之间的关系，赋予系统全新的使命和意义。

系统的存在必须服务于整体的生命力，能够强化人与人之间的联结，为整体中能量的流动提供有效的支持，通过赋能系统中个体生命力的释放，达成赋能整体延长生命周期的目标。

整体最大的目标就是延长自我的生命周期——最大限度地释放出整体中的生命力。

整体观

三鼎修身书院的创始人曾庆宁先生在讲学中指出中国古人提出了"中道生命观"——生命的"整体观"，强调生命是一个完整且不可分割的整体。这个"中"是指真相不偏不倚，合乎"道"，代表整体完整且不可分割的意思。曾先生的这个视角给了我很大的启发，让我看到了超越系统观的全新视角——整体观。

整体观是中国人传统思想的核心组成部分，而最能代表中国文化的文字当属"中"，"中庸""中道"对中国人都有着极为深刻的影响。"中国"强调的是国家的完整且不可分割性，中国与世界是一个完整且不可分割的整体。中医强调人体是一个完整且不可分割的整体，人体与自然是一个完整且不可分割的整体。在中医看来，人体的病痛多是由阴阳不调、气血不畅导致的，任何局部的问题都可以通过调理整体的能量状态而得到解决，身体自身的能量一旦流动通畅，病痛就自然随之消失。因此，中医中有"头疼医脚"的现象；有"通则不痛，痛则不通"的诊疗手段；更有"大医治未病"的伟大智慧。中医强调正气内存，邪不可干，认为只要人的周身气血通畅，就能百病全消。中医是人类整体观的伟大实践，创造了数不胜数的生命奇迹。

假如把企业视作一个完整且不可分割的有机生命体，那么部门之间、个体之间的关系就是联结整个有机生命体的经络，如果关系顺畅，所有的情感和信息就能有效流动，整体就会表现出健康的状态。如果个体、部门之间关系割裂，情感和信息无法流动，整体就会表现出压抑、无力的状态，这又会带来更多人与人之间的冲突。团队也是一个完整且不可分割的整体，团队教练就是创建团队成员之间的联结，消除团队内在的混乱与冲突，支持团队成为一个完整的整体。通过教练团队的完整性，团队内部的"气血"可以通畅，能量可以流动起来，而这样做可以进一步赋能团队中生命力的成长，强化团队作为一个整体所释放出来的生机。

企业管理的重心正在从系统观向整体观演化，系统观强调物理化管理，整体观强调生态化管理。面对今天内外部环境的挑战，企业需要建立以生命为核心的整体观，视整体为一个完整且不可分割的有机生命体，同时整体的发展又需要以个体生命力的发展为基础，在发展物理管理系统的同时，发展出能够真正赋能企业生命力成长的生态管理系统。

整体观以发展生命力为核心，整体生命力的状态就是生态。

改变的整体观

谈到改变，我们通常都会想到变革。如今，变革成了企业管理领域被提及最多的话题，甚至到了谈管理必谈变革的程度。变革的"革"指的是"一整张完整的皮",因此变革通常代表着颠覆——彻底的改变，或者说是整体的改变。

改变的整体观所包含的五个层次

- 现状——目标（表层）
- 语言、行为（行为层）
- 思维（原因层）
- 模式（潜意识层）
- 场域环境（源头）

一切的发生、发展和变化都有其内在的规律，不符合规律的努力，最终只会是徒劳。改变的整体观（见图 0-1）指出形成现状的五个层次，每个层次的表现都由更深层次的要素所决定，越是在浅表层次的改变越是难以持久，这也是为什么问题总是不断重复发生的原因。若想现状真正发生改变，就需要去到创造现状的源头——场域环境，场域环境的改变带来积极且持久的变化。现状以及制造现状的语言、行为和思维是可见的部分，而模式和场域环境是不可见的部分，不可见的部分掌控着可见的部分。现状只是场域环境的外在表现形式，是整体运作的结果，要想改变现状，就需要改变产生现状的整体。整体中每一个层次的改变都需要去到更深层次的改变才能发生，最终只有当场域环境发生改变，才意味着整体的改变发生——变革。

团队教练首先支持团队成员观察现状，接着观察创造现状的语言、行为和思维，通过对语言、行为和思维的观察，看见自身一直无意识重复的旧模式。看见旧模式是发生改变最关键的一步，除非看见旧模式，否则必然陷入无意识重复的陷阱。看见自身的旧模式，就能够有意识地暂停不断重复的旧模式，无意识的语言、行为和思维也得以停止，现状中的问题不再重复发生。只有停止无意识的旧模式，才能开启全新的语言、行为和思维，团队的改变才会发生。

图 0-1 改变的整体观

改变本身是整体作用的结果，整体中当然包含改变的规律，看到了整体，就能清晰地看到改变是如何发生的，也能看到变和不变之间的关系。在创造团队现状的整个系统中，影响力最大的不是硬件环境，也不是架构、流程和标准，而是其中看不见的部分。

"改变的整体观"是 4C 团队教练最核心的理论模型之一，是整个 4C 系统发挥作用的底层逻辑。该模型指出了从现状到目标最富创造力的路径，这既是个体改变的规律，也是团队改变的必经之路。

4. 意识的引领者

本书适合企业领导者（团队领导者）阅读。谨以本书献给企业家、企业主、创业者、领导者、管理者，你们是这个时代最富有资源和影响力的一个群体，更是当今人类集体意识进化的引领者。教练一个团队，首先要教练这个团队的领导者，一个组织的最高领导者的认知水平通常会成为这个组织的天花板，领导者认知能力的突破、意识水平的提升，将为整个组织带来一轮新的飞跃。本书可以支持企业领导者探索自我意识进化的有效路径，打破认知系统、感知系统与信念系统中的局限性，以便进一步引领集体意识的升级。

本书也适合各种社群、社团及社会公益组织的引领者阅读。在一个相对开放且以自我成长和利他为主要目标的环境里，本书所提供的流程、工具与方法论能够大幅提升集体的创造与学习效能。

本书还可以支持那些以对话为载体，专注个人成长、关系改善、组织进步的职业人士，如职业教练、培训师、老师、家长等。相信本书中所分享的改变的整体观、对话的模型、流程与工具，可以支持你们发展高质量的对话。

5. 从行动中思考

在开始你的学习旅程之前，我邀请你拿出一点时间，明确自我的意图。首先，你可以把本书作为一面镜子，用来照见自我的言行、思想甚至模式，这可以帮助你看到自我现在所处的位置。其次，我建议你把本书作为日常每次开始对话前的指引，这可以让你在对话过程中保持有意识的状态。最后，你可以通过不断运用本书中的对话流程，扩展对对话的认知，让更加积极且富有创造力的对话成为一种常态，这也是本书的核心价值之一。

我建议你使用不同的阅读方式，刻意打破自我固有的模式。如果你习惯从头开始一字一句地阅读，不妨尝试先反复阅读本书的引言，之后你可以在空闲之时，随手翻开一页，读上一段，觉察自我的收获。当然，你也可以完全以自我感觉舒适的方式和本书做朋友，只要阅读，你就一定会有收获。

本书不是一本用来消遣的读物，因为本书的一个核心意图是进化对话的模式，是对旧模式的突破，其中很多内容和章节需要你进行深刻的思考，亲身的体验和练习更是必不可少的。因此，你需要放慢节奏，带着内在的感知与觉知去阅读，并把阅读过程中的发现与觉察记录下来。

对于自我的学习和成长，你需要更有耐心，这是一个全新的旅程，一切都需要从头学习。我想说："践行是掌握本书理念、流程和工具的最佳途径。"

所以，慢慢来！

感谢创问的伙伴们，你们是我事业上的伙伴，更是我人生成长道路上的陪伴者。感谢你们在我最失落、无力时，依然对我充满信任；感谢你们给了我人生中最奢侈的时间和空间，让我有勇气一次次自我否定，一次次从零开始。没有你们无条件的信任、支持和爱，本书的出版可能真的还需要十年。在这里，我必须借这个机会，把我对你们的感谢永远记录下来。首先，我要感谢 Tess，你既是我事业上的合伙人，也是我生命成长中的伙伴，许多人把我们称为"灵魂合伙人"，赞叹我们之间的默契、允许和为彼此牺牲的精神。我要感谢你陪伴我走过了那些至暗时刻，你让我明白默默地付出有多么宝贵。感谢祝秋燕，你是值得所有人尊重和信任的人，遇见你的每个人都被你发光的灵魂吸引。你每天都在鼓舞我，这段时间你短暂离开，我很不适应，每当这时，我就想起你说的话："我感觉自我现在的状态卡住了创问，创问要想变得更好，我必须实现自我突破。"你义无反顾地放下所有的牵挂，走上自我成长的修行之路，这真的需要巨大的勇气。你说过："学成归来，支持创问。"这成了我的期待，在生命成长的路上，你是我的老师。还要感谢坚定踏实的姚军、为爱行动的丹丹、风趣幽默的小罗，以及所有的创问伙伴，限于篇幅，无法一一表达感谢。以后，我一定专门写一本书，书名就叫《创问》，记录我们一起成长的生命故事。

Part 1　Reinventing Cognition

第 1 部分

重 塑 认 知

观察自我、认识自我、超越自我。

欢迎走进教练的世界！

人人都需要一名教练，可以肯定你也不例外。我之所以这么说，是因为我知道你一直渴望自我的超越，从未放弃对自我生命价值最大化的追求，这也是教练所追求的价值。没有人能够仅靠自我的力量实现自我超越，一个人越是努力，越是忙碌，越是深陷自我固有认知的陷阱。你的思考无法超越自我的认知，只要你在思考，就是在重复自我固有的认知。自我的认知决定了自我的现状，其中当然包含所有面临的挑战和问题。除非你能超越自我的认知，否则只是在不断固化已有的现状。

生命有很多层面的意义，有表面显性的意义，也有更深层次尚未被显化的意义，所以，永远不要恐惧超越个人的领悟而进入更深层次的领悟。为此，你需要走出自我中心，停止自以为是的想法，成为自我人生的观察者，看着自我一路走来，一路远去，看着自我去经历，这会带给你迈入未知的勇气。

不要留恋过去，否则你将错失当下；也不必担心未来，因为未来肯定和你想象的不一样。你需要唤醒自我的意识，运用意识所带给你的发现与觉察的能力，从当下去听、去看、去感受。请记住，一切都只是流经你，一切都只是经由你去发生，原本就和你无关。对你真正重要的是——你是否真的能听见、看见、感受到，因为这会让你变得丰富，会带给你认识自我、超越自我的成就与喜悦。

超越自我就是超越自我认知的边界——打开认知。

超越自我就是超越自我感知的边界——打开感知。

超越自我就是超越自我信念的边界——打开觉知。

第 **1** 章

格物致知

古之欲明明德于天下者，先治其国；欲治其国者，先齐其家；欲齐其家者，先修其身；欲修其身者，先正其心；欲正其心者，先诚其意；欲诚其意者，先致其知；致知在格物，物格而后知至，知至而后意诚，意诚而后心正，心正而后身修，身修而后家齐，家齐而后国治，国治而后天下平。

《大学》这段经典告诉我们，"格物致知"是改变的源头。

"格物"是一个观察的过程，是向外探索外在世界；"致知"是一个层层深入不断看见事物的本质，认识事物发展规律的过程，是向内"明明德"的过程。"格物致知"说的是通过对外界事物的观察与探索提升自我认知。

我们生活在两个世界：一个是现实世界，另一个是认知世界。

现实世界是真相，"认知"世界是我们对真相的解读。人类从未停止对真相的探索，这也是生命自我进化的旅程。我们只能依据自我的认知而非真相去生活，认知最多只能无限接近真相，而永远无法成为真相，归根结底，我们都活在自我的认知世界里。认知包含我们对一切事物的看法，决定了我们如何看待自我、他人与环境；决定了什么是价值、意义与美好；决定了我们如何塑造生命中的关系。认知每向真相靠拢一步，都是自我生命进化的一次飞跃，都是一次重生。

我们盲目地信任自我的认知，接受它的指导，遵循固有的认知来生活。然而重复固有的认知带来的只能是不断地自我固化，不仅封闭了自我，割裂了自我和外在世界的关系，还偷走了我们的热情和创造力，制造出各种令我们困扰的问题。如果继续无意识地固守旧的认知，同样的问题就会不断发生，冲突自然也就不断加剧。除非我们的认知发生改变，否则会一次次陷入不断自我否定的陷阱，最终被自我头脑中的认知卡住。

教练从不向外寻找解决问题的方法，因为问题的根源、解决问题的方法都不在外面。在教练看来，一切的经历都是为了让自我站得更高，带来自我认知的超越，与此同时超越现实中的问题和挑战。教练一个客户就是教练他超越自我的认知。教练相信问题与挑战是客户认识自我的媒介，帮助客户看见自我所拥有的，却恰恰被忽略的资源、能力、价值、资格、梦想，重塑客户对自我的认知。

认知总是不断形成自我的边界。成长就是对自我认知边界的突破，边界之外是另外一个未知的世界。自我认知都受到自我无意识的保护，说服、告知，甚至强迫，都没办法改变。自我认知的改变，必须经由自我有意识的发现和觉察，一旦有了新的发现和觉察，自我认知就会自动发生变化，随后与之相关的一切都会改变。

自我认知不会改变，除非有超越固有自我认知的发现。同理，我们也无法直接改变一个人，我们能够改变的是一个人观察自我、他人与环境的角度与方式，从而重塑其自我认知。

学习的过程是一个格物致知的过程，更是一个重新看见自我的过程。

从"已知"到"未知"

我们用已知创造了自我的现状，重复已知带来的只能是现状的不断强化。所有问题的答案、一切能够让现状变得更好的可能性，都存在于未知中，改变也只会发生在探索未知的过程中。同样，改变、成长和新的机遇都不在已知的地方，只存在于未知的领域，只有向未知敞开怀抱，我们才能拥抱新的可能性。

我们最大的障碍是"已知"（知障），最难做到的就是放下"已知"。"已知"的一切能够牢牢地封闭住我们的关注力，许多人穷其一生都在自我的"已知"中打转，竭尽全力却无法突破"已知"的牢笼。每次迈入"未知"，都是对"已知"的扩展，也意味着对自我的超越。仅从头脑层面知道"未知"的意义还远远不够，"未知"存在巨大的不确定性，这会让每个人都自然而然地产生恐惧——害怕他人的看法、害怕失败、害怕失败所带来的影响，这些恐惧都属于"已知"，同样会阻挠我们对"未知"的探索。

"已知"和"未知"之间隔着一条鸿沟——面对"未知"的恐惧。

只有在"未知"的世界，我们才有机会遇见全新的自我、全新的未来、全新的智慧。要想迈入"未知"，我们首先要在头脑层面"知止"——停止不断自我强化的思考与行动；其次从内心层面重新整合——打开"感知"，建立与他人的联结，形成利益共同体的关系；最后在能量层面和自我最高的可能性建立联结，从内在唤醒自我直面"未知"的坚定信念。

教练在做的就是支持客户摆脱"已知"的制约，唤醒客户迈入"未知"的勇气，并陪伴客户找到迈入"未知"进行探索的路径。

第 2 章

照亮认知的盲区

我们对这个赖以生存的世界所知甚少，对自我的认知也是少得可怜。我们能够看到生活的现状，也能够清晰地观察到事物发展的过程，却无法看到隐藏在更深处的操作系统，那里是我们每个人认知的盲区。对于盲区，我们会视而不见，甚至对于"盲区对我们意味着什么"也一无所知，我们只能凭自我以往的经验，做出毫无意义的猜测。不过有一点是可以肯定的，盲区中那些"未知"的部分对我们的影响更加深刻——可见的部分成就了我们，而不可见的部分掌控着我们。相对于可见的部分，不可见的部分更加顽固，也对我们有着更大的影响力。用计算机来打个比方，我们可以看到计算机屏幕上显示的结果，却看不到这一切是如何被创造出来的。如果我们对现状不满，又不改变自我内在的操作系统，那么无论输入什么信息，得到的都不会是我们想要的结果。教练通过对话照亮客户的盲区，让客户看到一直在后台操控自我的操作系统，支持客户从自我的内在做出改变，创造全新的成果——可能性。

每个人的盲区都是自我认知的一部分，那里隐藏着一个更大的自我，其中自然也包含着我们的潜能、潜力和全新的可能性。我们无法看见自己的盲区，所以才需要合作，用我们彼此的认知去照亮对方的盲区，这个过程发生的前提是我们有足够的智慧去听见、看见和感受。随着盲区慢慢地被打开，一个个顿悟的时刻就会出现在我们的生命中。

有成于无，源头是不可见的，真正的创造力却来自那里。

认识自我

希腊古城特尔斐的阿波罗神殿上刻着七句名言，其中流传最广、影响最深，以至被认为点燃了希腊文明火花的那句是："人啊，认识你自己！"古希腊著名哲学家苏格拉底把"认识你自己"作为哲学研究的核心命题，其哲学思想则把这句话作为人活着的核心意图。无论是古希腊诸神的告诫，还是哲学家的命题，都在试图让我们看到"认识自我"的重要性。

你是谁？你是一个什么样的人？你有什么独特的价值？你有哪些新的可能性？对这些问题的探寻会带来你对自我的重新定义，随着你的自我认知的不断升级，这些问题的答案会不断更新。如果你能够认识到这一点，就不会掉入没有选择的状态，更不会把自我的要求强加到别人的身上。你必须认识到，你能成为一个什么样的人，能够创造什么样的生活，只和你自己有关。因为每个人都是"自我中心"的——只能以自我的"认知"去创造。

这个过程，很难！很难

2013 年，我和进化教练的同学一起去希腊，在去阿波罗神殿那天的晚宴上，我旁边坐了一位老人家，他是希腊的考古学家，也是一位思想家。我和同去的伙伴们一边用餐一边听他讲一些有趣的希腊故事。当老人家知道我们去过阿波罗神殿时，他突然很神秘地说："我猜你们都知道关于神殿的一句话——'人啊，认识你自己！'可是，我猜你们都不知道后面还有一句话——这个过程，很难很难！"在后来这些年中，老人家的这段话经常会在我的耳畔响起，让我得以一次次反观自我，理解他人。

发现问题、指出问题往往是容易的。然而，当我们把问题视作认识自己的镜子，反观自我；当我们看到自我是所有这些问题的创造者，而这一切又不是自己的本意；当我们感受到自己在问题面前是如此脆弱无力时，我们就走上了认识自我的道路。这条路只和你自己有关，路上也只有你一个人，犹如旅行走在太空深处的行者一号，孤独却又无限美好。

"认识自我"永远只是一个过程，犹如人类对宇宙的探索一样，没有终点。

这个过程，很难！很难！

自我形象

心理学中有一个非常有趣的问题："一个人生下来就没有和人类待在一起，请问他会认为自己是谁？"答案是：看他生长在什么样的环境中。一个人对自我的认知，取决于其生存的环境，环境是我们观察自我的镜子。周围环境中发生的一切都会引发我们对自我的评价，即自我对话，自我对话决定我们的自我形象，存储在我们的潜意识之中。一个人自信与否、开朗与否，都是在自我对话的定义下慢慢形成的自我形象。我们每时每刻都在进行着大量的自我对话，自我对话无声向内，其对话速度远远超过对外表达。由于自我对话是潜意识所掌控的部分，因此非常难以被觉察。

我们的思维总是通过再加工的方式，把外在的声音转化成内在的"自我对话"，没有被转化的声音是无效的。因此，我们转化外界声音所用的转化器是否健康、干净就非常重要。如果转化器本身携带问题，就会曲解善意，看不见机会，制造出自我破坏的对话。

这就是成年人的世界

在一场大型活动中，为了帮助父母们解决带孩子的问题，我们把一个教室的墙壁用纸板封起来，然后贴上纸张，供小朋友们绘画。老师走进房间，问："小朋友们，你们谁会画画啊？"在场的小朋友几乎全部举手说："我会，我会。"还没等老师给出指令，好多小朋友就冲出来，拿起画笔，毫无恐惧地开始了绘画。楼上教室几乎是同样的情景，成年人在一起，学习一门视觉对话的课程，其中就有绘画的部分。我到了楼上，恰逢老师问："请问各位，你们谁会画画啊？"结果大家面面相觑，有人试探着说："我小时候学过画画，算不算啊？"我突然发现，我们小时候几乎什么都会，无所不能，然而随着长大，我们开始慢慢有了很多的"不能"和"不会"，再到后来发现自己什么都不会，什么都做不好。我们的身体在慢慢长大，我们的勇气和信心却在慢慢缩小，最终每个成年人都被牢牢地束缚在自我的认知、感知与信念所设定的框架之中。这是一个有趣的对比，这就是成年人的世界。

自我强化的循环（见图 2-1）是一个来自心理学研究的理论模型，被美国太平洋学院的导师路·泰斯收录在《聪明的谈话》一书中。书中指出自我形象从形成的那一刻起就开始了自我强化的循环——自我形象强化自我表现，自我表现强化自我对话，自我对话强化自我形象。除非自我对话发生改变，否则自我形象只会被不断强化，这个循环如果不能被打破，成长和改变就无从谈起。

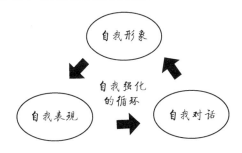

图 2-1　自我强化的循环

每个人都活在自我强化的循环之中，这种循环造就了一个又一个典型的自我实现——好的人更好，糟的人更糟，贫穷的人更加贫穷，富有的人更加富有。这一切不是冥冥之中有一只手在操控，而是那种自我强化的循环的力量所致的。

我不擅长公众演讲

这是一位银行的高管，她说自己从小就害怕在人多的地方讲话，最近她被升职至更重要的管理岗位。一想到自己要面对更多高管演讲，她就非常焦虑，最近一段时间严重失眠，希望我能够帮助她克服自己对于公众演讲的恐惧。交流中她对我详细描述了一次演讲失败的体验，那时她刚升任部门主管，被安排面对公司领导和高管做工作汇报，虽然自己做了充分的准备，可是上台刚说了两句就不知道该说什么了，自己就在台上傻站了很久，台下很多人哄堂大笑，她后来还是没能完成那次演讲，自己因此也哭过好几次。从那以后，她就对公众演讲充满恐惧，到现在都十几年了，还是一直害怕，在台上很容易忘词，一下台就什么都想起来了。这些年中，为了克服恐惧，她尝试过很多演讲的学习和练习，都没有什么效果，而且内心的恐惧越来越强烈，这也进一步让她确认自己是真的不擅长公众演讲。

成为自我

每个人都渴望成为自我，甚至每天都会听到诸如"做自己，成为最好的自己"之类的说法。怎么样才算成为自我？如何才能真的成为自我？这个自我究竟指的是什么呢？

《绿野仙踪》是美国作家弗兰克·鲍姆的代表作，许多中文版读本按照其原名直译为《奥兹国的魔术师》。《绿野仙踪》讲述了主人公桃乐丝通过认识世界和与人相处认识自我，最终获得身份感的故事。

故事中，桃乐丝想回到家乡，稻草人想得到一个聪明的大脑，铁皮人想要一颗温暖的心，雄狮渴望获得非凡的勇气。于是，他们协同努力，战胜了重重艰难险阻，找到了传说中法力无边的奥兹法师，最终实现了所有的愿望。然而，故事中的奥兹法师并没有传说中的魔法，他只是用他的方式帮助稻草人相信了自己是聪明的，帮助铁皮人相信了自己拥有温暖的心，帮助雄狮相信自己有着非凡的勇气，也帮助桃乐丝发现了脚上的"银鞋"拥有帮助她回家的魔法，他们都实现了各自的愿望。

故事中桃乐丝是我们所有人的化身，稻草人、铁皮人、雄狮分别代表着我们的"脑、心、腹"，他们所有的愿望也正是我们的愿望——拥有聪明的大脑、温暖的心、非凡的勇气，最终找到回家（成为自我）的路。这则欢乐、温暖又充满了奇幻的童话故事，向我们阐述了一个深刻的道理：每个人本身就拥有了自己渴望拥有的一切，只不过我们需要通过战胜困难、经历挫折、穿越失败去让自己相信这一切的存在，这也是每个人成为自我的必经之路。

在这条路上，我们所经历的一切都是必须经历的，过程中所遇见的一切都是在遇见自我。在这趟认识自我的旅程中，我们会经历正义与邪恶、顺境与逆境、成功与失败，所有这些经历都是在帮助我们相信——每个人都已经拥有了自己渴望寻找的一切——我们拥有聪明的大脑、温暖的心和非凡的勇气。当我们找到这三样东西之后，就拥有了回家的魔力，这个魔力就是我们脚下的"银鞋"——相信自己的双脚，充满自信地迈出每一步。至此，我们就真正开始用自己的方式去创造——成为自我。

自我的三大盲区

无论是外在还是内在，都存在不为我们所觉察的盲区，盲区中存在着远超自我想象的资源和可能性，影响着我们的思考和言行。认识自我就是不断探索自我盲区的过程，没有人能够自己迈入自我认知的盲区。

卡尔·荣格说过："认识自我犹如暗夜行路，必须依靠他人的帮助。"

我们的脑、心、腹三个中心，分别对应认知系统、感知系统、信念系统，操纵着我们运用认知、感知和觉知的方式，决定了自我与自我、自我与他人、自我与世界的关系。这三个系统都属于无意识操控的部分，难以被自我所观察，从而形成了自我的三大盲区。除非这三个系统的运作方式能够被看见，否则它们始终会按照固有的方式运作，形成自我的不断强化。

盲区一：思维模式（脑）

"人类成功将原子裂变以后，除我们的思维外的一切都变了。"爱因斯坦用这句话指出了人类集体认知的一个盲区——我们的思维。我们能够记录自我思维推理的过程，可以看到思考的内容，却难以看到思维本身。我们的思维早就对各种各样的事情有了自我定论，无论是信息还是思维的方式，都已经被模块化，储存为固化的模式，每次思考的过程，不过是这些模式的自动运作而已。表面上看我们的思维是灵活的，会因为新的观点而发生改变，然而一旦进入实际的问题中，一切有价值的新观点都不管用了，原本的思维模式会出来掌控一切。即使把现有的一切全盘推翻重来，只要思维模式没有改变，我们就会不断陷入同一个情境。我们的思维模式不会轻易改变，这就是为什么我们明明知道什么是对的，可就是做不到的原因。

现实中的窘迫并非问题所致，而是因为我们被陈旧的思维模式所拖累。除非我们能够突破自我固有的思维模式，否则想要的改变不会发生。

最常见的思维模式

"对、错"思维模式：简单的二元对立，这样的思维模式把事物的关系对立化，只有黑白，没有灰度。这种思维模式制造了最多的冲突。"对、错"思维模式也是导致自我与自我、自我与他人、自我与环境割裂的最重要原因。

"事情本无对错，思想使然。"

——《哈姆雷特》

"好、坏"思维模式：误以为总是有更好的选择，不断在头脑层面进行分析和判断，这种完全从自我的经验中寻找出路的思维模式，最终只会被经验牢牢卡住。

"归因"思维模式：认为问题的发生是某些特定的原因导致的，没能看到事物的发展其实是一个动态复杂的过程。所有的问题都是系统的问题，系统的第一特性就是动态复杂性，无法简单归因，尤其是在由人参与的系统中，人本身就是一个极为复杂的动态系统。

重点谈谈问题思维模式

问题思维模式总是不停地指出问题、解决问题，误以为这是进步的有效方式。这在逻辑上似乎成立，但是问题思维一旦成为我们的优势思维模式，那就完全不同。问题思维模式不会因为一个问题被解决而停止，反而会因为看到效果而进一步自我强化，问题也被源源不断地创造出来。这种指出问题的做法非但无法真正解决问题，反而成为更多问题的制造者。我们经常会无意识地直接指出他人的问题，希望通过这种方式促使他人改变，然而指出问题思维非但无法解决问题，还会带来人与人之间的不满，制造更大的冲突。一个不断指出问题的人，会不断地对现实中的人和事挑起不满情绪，制造很多困扰，同时令自己举步维艰。

问题思维是一个陷阱，西方有一句谚语："如果你发现自己站在一个坑里，就拜托你不要再挖了。"这里的"坑"指的就是问题，问题不是用来解决的，而是用来超越的，能解决的就不是问题了。是解决问题还是超越问题所在的层面，这是创造的真相。

问题思维模式是在制造问题，绝不会让现状变得更好，问题思维模式本身才是真正的问题。

任何一个人眼中的问题，在其他人的眼中都不是问题，同样，你也会对别人眼中的问题视而不见。如果你认为"这是个问题"，表示你的思维对此已经无能为力了。当有人告诉你"这不是问题"，或者告知你如何解决某个问题时，你的思维就会自动跳出来证明"这是个问题，我已经无能为力"。我们总是首先趋向于证明自己的结论是对的，这是思维的自洽性在发挥作用。反观我们的过往，无论是想解决自己的问题，还是解决别人的问题，最终的结果往往都是"令人失望"的。由此，我想到爱因斯坦说过："解决问题的思维解决不了问题。" 问题只有两种解决方案：一种是在头脑思维的层面想通了，另一种是在内心情感的层面放下了。问题的形成和解决都跟思维有关，都是自我念头的转换，正所谓："一念天堂，一念地狱。"

问题是来帮助我们成长的，它的出现只是在告诉我们：之前的思维模式行不通了，必须发展出新的思维模式。我们所遇到的每一个问题，都是在指引着我们发现新的可能性，指引着我们的思维变得进一步开放、灵活。最终，当我们的思维能够意识到"问题=新的可能性"时，我们也就放下了问题思维，拿起了可能性思维。

团队面临的问题，同样也是团队的思维模式所导致的，团队教练的作用不是帮助团队解决问题，而是支持团队看到自身思维模式所带来的影响。当团队成员看见问题产生的真相时，集体的关注力就会从谁的问题？问题出在哪里？如何解决问题？开始转向如何创建新的思维模式？新的可能性是什么？原本的问题就不再困扰团队，问题所制造的冲突也随之消失。

盲区二：满意（心）

我曾经在各种场合问不同的人同一个问题："是满意带来改变还是不满带来改变？"得到的答案几乎都是"不满带来改变"。我接着问："为什么不是满意带来改变呢？"答："都满意了，就不需要改变了。"我接着问："那满意之后你们会做什么？"答："设定一个新的目标啊，总不能啥都不干吧。"改变发生了，不是吗？我们一直以来都觉得是不满创造了改变，似乎这已经成了默认的真理，可事实并非如此，不满只会制造更大的不满。对现状不满时，我们会批评指责，不满的情绪也会不断传染，割裂关系，最终破坏场域环境。如果我们对现状满意，就会能量满满地继续向目标前进；如果我们对现状不满，就会转身和现状搏斗，而忘记了自己真正想要的是什么。

> 对"现状"满意的人会充满热情与创造力，不满的人会充满破坏力。
> 满意的人会很轻松地就让问题得以解决，不满的人会不断放大问题。
> 满意的人会发光（赋能），不满的人是黑洞（耗能）。
> 满意的人会毫不吝啬地付出，不满的人会没有止境地索取。

团队成员都会有一个对团队的自我评价，即"这是一个什么样的团队"。这样的评价基于团队成员的认知能力，以及对团队现状的观察和感知。对现状不满的团队会完全失去该有的创造力和热情，甚至会制造更多的挑战；反之，如果团队成员对现状满意，其能量会保持在一个高水平上，会更加富有行动力和创造力，对目标的达成也会更有信心。

对现状 **不满** 的团队	对现状 **满意** 的团队
语言消极，充满指责和推诿。	言语积极，从自己身上找原因。
思维枯竭，没有想法。	思维灵活，充满选择。
动不起来，缺乏能量。	快速行动，能量满满。

内在状态的满意或不满也是一种模式。满意的模式带来的是持续满意，不满的模式带来的是持续不满。因此，要消除不满，需要做的不是解决令人不满的问题，而是支持团队重新联结，形成令人满意的场域环

境，开启满意模式。

只有对现状满意，真正想要的改变才会发生。

盲区三：能量（腹）

我们通常都很在意创造的过程及最终的结果，很少意识到无论是创造的过程还是最终的结果，都只是由能量的流动和累积形成的。能量流动带来变化，能量流入，生命力就会得到滋养，呈现出繁盛荣的景象；能量流出，生命力就会逐渐枯萎衰败。能量总是无条件地从高的地方流向低的地方，在一个高能的大环境中，所有人都会被赋能，置身于这样的环境中，每个人都会很活跃，充满力量和选择。反之，如果大环境的能量很低，许多人都表现得越来越无力，甚至躺平、摆烂。今天，我们赖以生存的大环境似乎并不是那么友好，如果我们不想就这么默默地枯萎腐烂，就需要找到新的能量源头——我们内在更深层次的潜能。

我们把内在尚未释放出来的能量叫作潜能，每个人都有着巨大的尚未释放出来的潜能，同时所有人又都渴望自我潜能的释放，因为那意味着自我超越。往往那些体会到潜能释放的时刻，都是我们人生中的高光时刻，造就了我们的巅峰体验。

在我看来，开启潜能的开关都和"信"有关。例如：一个不自信的人，往往还没开始就会放弃；一个不信任的人，不会给他人任何机会；一个不相信的人，会把所有可能性的大门都紧紧关闭。如果一个人有了"信"，有了对自己的自信，困难和挑战都会变得不值一提；有了对他人的信任，就会允许他人尝试犯错甚至失败；有了对环境的相信，就会联结到用不完的资源。正是这些"信"，打开了人们的潜能，让他们能够百折不挠，一次次创造新的现实。

在每一次为企业交付教练工作坊之前，我都会做利益相关者访谈，其中包含了最核心的领导者以及工作坊的参与者。几乎没有例外，领导者的需求都是期待能够提升整体的能量，让大家对目标的实现充满信心。当我们问到什么能够带给大家这样的能量？答案也都会落在"自信、信任、相信"这几个词语上。相对应的是参与者对自己现状的描述："缺乏信任、没有认可、感受不到被支持"。他们绝大多数的分享都指向他人或者外在环境。当"不信"产生时，人们就封闭了对新的可能性的尝试，能量也开始不再流动。最终，"信"的人会勇敢地留下，"不信"的人会坚定地离去，最可悲的就是那些半信半疑的人，他们会被困住。

"信"是潜能之门，更是生命力种子的根。领导力的核心能力就是使人"信"，而领导者更是首先要"自信、信任、相信"。教练也是在用自己的"信"去创造，教练对客户的无条件的"信"，可以为客户注入源源不断的能量，进而提升客户的内在能量状态，支持客户迈向更大的成功。

在我辅导企业的经历中，曾经先后两次为一家著名的基金公司做高管团队教练，教练的对象基本是同一批人，两次表现却完全不同。第一次，在两天的工作坊中，参与其中的每个人都表现出很高的个人素养、巨大的热情和创造力，我感受到他们能够战胜一切困难和挑战，甚至我自己都被深深地赋能。两年后，我又一次受到邀请，为他们再一次举办高管教练工作坊。当我得知基本上是原班人马时，心里特别激动，期待重温美好的体验。可是刚到现场，我就发现一切都和我预想的不一样。我像往常一样热情地问候大家，但没有得到回应，所有人都表现得有些冷漠，甚至我能感受到他们非常无力。这是同一批人吗？我心里开始产生了疑问，我想一定发生了什么。在接下来的交流中，我才知道原来最近这一年多，整个金融市场的大环境极其低迷，所有人都认为自己无能为力，我知道这次轮到我为他们赋能了。我坚信他们每个人都是了不起的，他们的内在依然拥有能够成就一切的潜能，只是暂时被自己的状态卡住了，我需要做的就是帮助他们看到这一点。当然，我也做到了。两天工作坊结束时，他们再一次表现出能够战胜一切困难的非凡的智慧和勇气。

当一个团队没有能量时，面对现状就表现得无能为力，陷入自我破坏的负向循环。这样的团队需要通过内部成员之间的深度对话，唤醒每个人的潜能从而让团队整体的能量得到提升。霍金斯能量层级描述了人的内在能量层级达到 200 时，就会拥有勇气，表现为信念坚定——遇事能够坚持并且富有耐心，进入创造的正向循环。当人们的能量层级低于 200 时，无论做什么，最终都是带来破坏的负向循环。那些能量层级在 200 之上的人，越高的层级越能轻而易举创造自己想要的现实。

唤醒信念

我们经常用"芥子大的信念能够移动山脉"比喻信念所带来的巨大能量。芥子是百草籽中最小的种子，却能够长成大树，寓意只要有一点点信念，就能够创造奇迹。一旦我们内在对自己有了信念，就已经战胜了一切困难。教练也是在用自己的信念去创造。

当内心有必胜的信念时，我们就会比大山更加高大，这就是"势"。教练赋能团队"势"的提升，形成团队内在必胜的信念。团队能够在能量上战胜现状中的困难，就能从思维上跨越困难，向着目标坚定地行动。

第 3 章

关 注 力

无论是个人的自我管理，还是超大型组织的管理，归根结底就是时间和精力的管理，时间和精力是我们真正拥有的资源。一旦时间不够、精力不够，我们也就失去了创造的能力。我们的时间和精力是有限的，因此，把时间和精力花在哪里？如何分配自己的时间和精力？这些问题就至关重要。我们运用时间和精力的方式，决定了我们的创造力水平，决定了我们所能取得的成就。

　　我经常在各种企业会议中听到"对事不对人""就事论事"这样的说法，其实这是天大的误会，因为你越这么强调，人们越会产生一种"我不重要"的感觉。企业过度强调事情的重要性，把人们的关注力都集注在事情上，这带来的是对人的忽略甚至是无视。事情都是人做出来的，我们首先要做到关注人，然后事情才会得到有效的关注，才会有真正的改观。关注力只会被重要的人和事吸引，把关注力投放给一个人，其实就是在告诉对方"你是真正重要的"，对方会自动接收这份感受，也会因为这样的感受而被赋能。我们都知道，没有了阳光，自然界中的植物就无法生存，人与人之间的关注力就是人类赖以生存的阳光，关注力是最大的赋能。如果你想"杀死"一个人，就选择无视他。一个不懂得如何关注员工的企业，就是在"杀死"自己的员工，这样的企业怎么可能有未来？我们所渴望的情感上的归属、被尊重的感受及成就感，都离不开人与人之间的关注，这是企业真正打开内在潜能的必经之路。

关注力的能量

　　关注力在哪里，我们的时间和精力就被投放到哪里，能量就流动到哪里。关注力的能量=时间×精力。"精力"（Energy）在英文中就是能量的意思，精力多少和时间长度共同决定了关注力的能量。

　　能量追随关注力。

一个人在某个方面的创造力，取决于其关注力的聚焦程度，关注力发散则精力分散，关注力聚焦则精力聚焦，单位时间内的效能也就越高。关注力就如同手电筒打出去的光，在无意识的状态下光是发散的，似乎能够照顾到一切，可又都是模糊的。在有意识的状态下，关注力聚焦于一个点，视野会变得清晰，我们就能看到之前没有看到的景象，拥有新的发现与收获。如果一个人没办法管理自己的关注力，或者关注力不能聚焦，就失去了创造的能力，这会导致学习或工作效率低下，无法获得成就感，随之而来的就是自我否定和焦虑。

关注力的聚焦是成功的不二法门。团队集体关注力的聚焦能够大幅提升团队效能。

另一个重要的变量是时间，关注力的持续时间越长，关注力的能量值就越高。任何变化的发生都需要持续的能量输入，只有当能量达到一定的值，直至突破原来惯性的束缚时，接下来的能量才开始创造改变。热力学第二定律告诉我们，能量永远都不可能停止交换，对一个系统注入能量，在达到变化所需的能量之前，流入的能量一旦小于耗散的能量，很快就会恢复到周围环境的水平。例如，你要烧一壶水，需要一鼓作气，如果烧烧停停，可能永远都无法把水烧开。在同等精力投入的情况下，连续一小时和连续四小时所能够创造的最终成果不是简单的四倍关系。

在服务企业的过程中，我经常会被问："你们的培训或训练能够为企业带来什么改变？"这和以下三个要素相关。第一，团队目前的能量水平；第二，团队置身的场域环境所带来的能量的耗散水平；第三，突破惯性直至改变发生所需要的能量水平。因此，那些急于求成的做法实际上很难奏效，只是尝试几次就试图看到改变，这是违背规律的做法，只有持续的能量注入才能使改变发生。

教练一个人就是要教练其关注力的转变和聚焦，教练一个团队同样是教练这个团队关注力的转变和聚焦。

关注力的提升

关注力可以通过刻意练习得以提升，如正念、瑜伽、冥想、静坐等。以冥想为例，我们不是为了冥想而冥想，冥想本身不能改变生活，冥想的核心是训练我们对关注力的掌控能力。冥想的时候要保持关注：关注呼吸，关注自己的念头，关注身体，关注光，关注面前的一个点。一开始，你会发现关注力不受控制地跑来跑去，慢慢地，经过长时间的大量练习，你就会发现自己可以做到"如如不动"，这个"如如不动"不是我们的身体不动，而是我们的关注力可以保持稳定。在冥想过程中，我们让自己的关注力停在某个焦点上，能够聚焦并保持更长的时间，这会极大地提升我们管理自己关注力的能力。

麻省理工学院的卡巴金博士推动的正念练习提出要有意识地保持观察与觉察的能力。正念的核心理念就是关注关注力，一旦能够做到长时间保持对自己的关注力的关注，我们就能够有效管理自己的关注力，从而有能力有意识地把关注力集中在对自己真正重要的事物上。大量临床研究表明：正念练习能够有效缓解焦虑和抑郁情绪，甚至疗愈身体的疾病。

有意识地关注

大多数时候，我们都是无意识地运用自己的关注力，很少会关注自己的关注力是如何被运用的。在无意识的状态下，关注力会被自动分配，好像什么也没做，一天就在不知不觉中过去了，这种"自动驾驶"的状态，只是在重复自己习以为常的一切，不会带给我们任何新的收获。

关注不想要的，你到处都会发现它们，而看不见其他可能性的存在。如果在公司里有一个你不喜欢的人，那么你到处都能听到他的声音、看到他的身影，对方好像无处不在；一个恐惧别人说自己坏话的人，会竖起耳朵质疑别人说的话是不是话中有话；一个讨厌那些背后议论别人的人，总是能够很敏锐地挖掘出这些人；一个痛恨自私的人，别人在他前面放完了饮水机里的热水就成了自私的标志。

我们必须管理好自己的关注力，有意识地决定什么对自己是真正重要的，把有限的时间和精力放在真正重要的人和事上，而不是无意识地把最宝贵的时间和精力放在不喜欢的人、讨厌的事情、负面的问题上。时间和精力是我们能够送出的最珍贵的礼物，我们要慎重地决定把这份珍贵的礼物送给谁。

F1 赛车是最危险的运动之一，F1 赛车手在比赛前，他们的教练总是会提醒他们："从现在开始，只看着你可以走的路，这会保住你的性命。"这句给赛车手的忠告，也适用于每个人的日常生活。在生活中，当你只看着自己可以走的路时，你会发现无论遇到多大的问题和挑战，你都有路可走。

在应用心理学中有一个"集注、排斥"原理，这个原理指出：关注力一旦集注在某个事物上，我们就会自动忽略其他事物的存在；关注力一旦集注在某个想法上，其他想法就会自动被屏蔽。所以，让我们一起谈论我们喜欢的事情，谈论我们的热情与渴望吧，这样我们才不会把宝贵的生命能量消耗在冲突、否定、质疑中，才不会错过生命旅途中的美景。

来自课堂的启示

这是一家非常专精的企业，专门为全球的高端车辆提供安全系统。我面对的是三十多位年轻人，他们都是来自国内外一流理工科大学的应届毕业生。课程开始，我问："怎样能让这两天的课程更好地支持大家？""老师，我们没有工作经验。"立马有一位学员这样回答。"哦，"我点点头，"还有吗？"接下来的回答是"不知道该怎么做""不知道谁能支持我们""没有朋友""没有资源"……现场的能量开始一点点下沉，无力感慢慢升起来，所有人都安静下来，陷入沉思。过了许久，突然一位小伙子说："起码，我们有文凭。"大家哄堂大笑，冰冷的气氛被打破。"好吧，我们说了很多'没有'，接下来就说说我们有什么。"我继续引发大家的思考。"我们有热情""我们有时间""我们有体力和旺盛的精力""我们有聪明的大脑"……现场的气氛开始变得活跃，于是我邀请大家站在一块大白板面前，一边说一边记录："我们有耐心，我们有初心，我们有梦想，我们有……"很快，一大块白板就被写满了，所有人又陷入深深的安静。"我们拥有的比没有的多太多了！"突然有人这样说道。"我们能把自己拥有的好好用起来，就足够了！"又有人接着说。现场的每个人，包括我，都仿佛一下子看到了新大陆——把我们拥有的好好用起来，就足够了！

现状并没有改变，只是集体改变了关注现状的方式，匮乏就变成了丰盛，困扰不见了，随之而来的就是集体"势"的提升。一切资源和可能性都不是被我们创造出来的，而是早就已经准备好了，等待着被我们看见。

领导者需要具备"创造丰盛"的能力，让周围的人时刻都能够感受到自己资源充沛。当我们能够意识到无论遇到什么挑战都富有选择时，就放下了对犯错或失败的恐惧，把所有的关注力都聚焦在创造上。集体需要创造力，领导者要能够将集体的关注力聚焦于集体想要的成果、集体拥有的资源、集体未来更大的可能性上。一旦集体能够把关注力聚焦在富有创造力的地方，集体的创造力也就得到了释放。

关注力四象限

宇宙即时空，我们存在于时间与空间所构建的世界。我们把时间分成过去与未来，把空间分成内在与外在，时间与空间的坐标区隔出了关注力四象限，如图 3-1 所示。

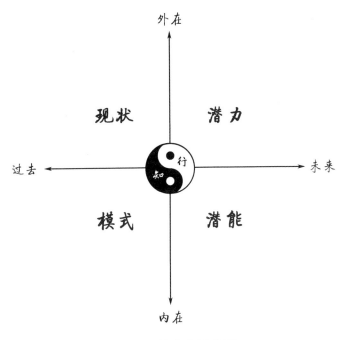

图 3-1　关注力四象限

关注力四象限的定义：现状、模式、潜能、潜力

现状：过去与外在共同构成现状。现状是外在可见的部分，是已知的部分，属于过去。当关注力集中于过去与外在所构成的空间时，我们就会被外在的环境困住，在过去的空间中打转，带来的是现状的一再重复。

模式：过去与内在共同构成模式。模式是内在不可见的部分，和过去的经历有关。当关注力集中于过去与内在所构成的空间时，我们就会陷入模式的掌控之中，带来的是自我情绪与感受的一再重复。

潜能：未来与内在共同构成潜能。潜能是内在不可见的部分，是尚未释放出来的能量，永远存在于未知的未来。当关注力集中于未来与内在所构成的空间时，我们内在的潜能就会被激活，释放出来的能量形成势。

潜力：未来与外在共同构成潜力。潜力是外在不可见的部分，是尚未施展出来的能力，永远存在于未知的未来。当关注力集中于未来与外在所构成的空间时，我们就能够看到新的可能性，潜力就隐藏在全新的可能性中。这里我们需要注意的是，潜力是无法被看到的，只有尝试具有全新可能性的行动，才能兑现自己的潜力。

在认知的世界，过去属于已知，未来属于未知，重复已知就是在重复过去。总是依赖已知的指导，就是在过去中打转，无法开启未来。只有勇敢地迈入未知，才能开启未来。从关注力四象限中可以看到，如果我们把关注力集中在过去，要么是在不断强化外在发生的现状，要么是在强化自我内在的模式。只有把关注力放在未来，我们才能开启自己的潜能和潜力。

可是，未来是未知的领域，如何才能迈向未来呢？

过去和未来之间必然有一个临界点，这个临界点就是当下，无论是谈论过去还是畅想未来，我们都远离了当下。内在和外在之间也有一个临界点，这个临界点就是临在——既不在内在，也不在外在；既没有内在的影响，也没有外在的干扰。

在无意识的状态中，我们的关注力就远离了当下——要么停留在对已知的不满和自责之中，要么停留在对未知的担忧和恐惧之中。我们需要唤醒自己的意识，做到有意识地把自己的关注力从无意识的牢笼中释放出来，否则我们永远无法踏入未知半步。

当下的临在状态，既超越过去与未来所代表的时间线，又超越内在与外在所代表的空间线，只有拥有当下的临在状态，我们才能超越认知中时间与空间所构筑的虚拟现实，进入自我与生命同在的真实现实，进入一种没有过去、没有未来、没有内在、没有外在的状态。

越是在复杂多变的环境中，越需要培养自我能够从当下发现与觉察的能力，随着当下觉知的涌现，带着觉知行动，进入知行合一的最佳境界。

第 4 章

无意识意识化

除非你能够把无意识意识化，否则这些无意识会一直躲在暗处左右着你，直到有一天，你会说："这就是命。"

——卡尔·荣格

过往的经历被自动沉淀、结晶成为我们的潜意识，在潜意识中已经存储的内容，会被无条件地视为事实。潜意识具备超越大脑分析，对外界刺激形成本能反应的能力。在心理学中有时候直接把潜意识叫作无意识。在无意识的状态下，我们的潜意识会自动掌控一切，无论是积极的思考、消极的对抗，快乐或悲伤，都是潜意识的自动反应。潜意识可以保护我们，同时又是局限的，它记录的一切都和过去有关，对现在和未来未必适合。

人类的朋友、伟大的心理学家卡尔·荣格曾经在公开演讲中指出，除非你能够把无意识意识化，否则无意识会一直躲在暗处左右着你，直到有一天，你会说："这就是命。"无意识之所以那么强大，就是因为它一直躲在暗处，无法被直接识别出来。在卡尔·荣格看来，无意识犹如命运之手，牢牢掌控着我们，只有把无意识意识化，才能摆脱命运的控制。中国人对命运有着独特的理解和情感。自古就有"一命、二运、三风水、四读书"一说，可见命运在我们的认知里占据着多么重要的位置。

每个人都渴望成为自我命运的主人，那如何才能够做到呢？

人类还有一个意识脑，即具备与无意识相对应的有意识的能力，有意识就是刻意发现与觉察。在有意识与无意识之间，我们永远只能选择其一。当我们有意识时，无意识就会停止下来，我们就把自我人生的掌控权从无意识的手中接管过来。你可以把认识自我视作意识观察无意识的过程——就是把无意识意识化的过程。

这就是我想要的生活

我的家乡在山东烟台一个叫"修家"的小山村。小时候，每逢过年过节，家族里的长辈们都会聚在一起，一遍又一遍地不厌其烦地谈论我们的家族。当时的我还小，对大人们所说的一切懵懵懂懂。然而有趣的是，大人们一遍一遍地、重复地诉说着同一个故事，我竟然一次次被深深地吸引，似乎这个故事的背后有着无穷无尽的奥秘。每次当大人们的谈话进行到"这就是命"时，我总感觉自己长长地舒了一口气，好像终于可以收尾了，又好像有一种莫名其妙的遗憾。我家乡的名字叫"修家"，长辈们的每次谈话总会提及"修家"这个名字的由来，那就是祖辈教导我们要"修身、齐家"，虽然我并不能完全明白其中的含义，可是我隐隐约约感觉到一种神圣，似乎自己也因此变得更加高大。

我上大学来到上海，毕业后进入一家效益很好的上市国企，在公司里也很快受到重视。在众人的眼里，我是个非常幸运的人，似乎很容易就得到了很多人想要的一切，然而我觉得这并不是我想要的。工作的第三年，我离开了第一家企业，也离开了有保障的生活。在之后的数年间，我去过外企、私企、合资企业，也做过地产、广告、IT、消费品等领域。每次我都能很快适应新工作，表现优异，可是每次都在一切似乎顺风顺水的时候，我选择了换一个领域，重新开始，这似乎就是命运，周而复始地不断重复。再后来我决定做一名自由的培训师，可是在这期间，我始终没有办法专注在一个领域深耕，这令我非常沮丧。直到学习了一门应用心理学课程，我才知道了还有一个"自我"，知道了对话的重要性，知道了什么是心智模式……从那之后，我仿佛变了一个人，我找到了自我的热情所在，很快我就认证为这门课程的讲师，并且乐在其中。两年后的一天，我们几位授课讲师聚在一起，分享授课的心得，上午分享结束之后，带领我们分享的老师突然变得神情凝重，他对我们说："你们知道吗？路去世了。"路是我们所讲授课程的研发者，是一位伟大的导师。我们大家都特别渴望见到他，而现在却突然听到他去世的消息，每个人都非常震惊。"他多大年龄了？"我问道。"77 岁。""哦。"我沉默着。老师接着说："你们知道吗？全球有 120 万人为他送行。"所有人沉默着。"他第一天上完课，第二天进医院，第三天离开了这个世界。"老师又说出了这段话。所有人继续沉默着，慢慢地，我突然感受到有一股巨大的情绪在我的胸口涌动，泪水喷涌而出，接着我开始失声痛哭，周围的人都非常惊讶，他们看着我，不知道发生了什么。我听到自己一遍又一遍地说："谢谢，谢谢。"我完全无法控制自己的情感。等到情绪终于平复下来，我还是不断地说着"谢谢"。周围的人问我发生了什么，我回答："我终于知道了我一直在寻找什么，我一直在寻找如何度过这一生，我想知道我的生命会以什么样的方式结束。"我无法确保他们听懂了我在说什么，可是我无比确信，我找到了自己一直在寻找的东西——77岁之后的某一天，我讲完课，第二天我走进医院，第三天我离开了这个世界。我知道这是我想要的。当我看到我生命终点的画面，整个人一下子无比喜悦、安宁。我终于找到了自己的人生之路，这条路就在我的脚下，我知道我走在正确的路上。

在过去的很多年里，我不停地放下、拿起，换工作、换行业，不停地找寻。我并不知道自己真正在找寻什么，可我能很清晰地分辨出我不想要什么。面对自己不想要的，我完全感受不到活力，每次都只能选择放下，继续在一片茫然中找寻。我永远无法忘记，当我找到一直在找寻的东西时，我的眼前再一次浮现出长辈们聚会时的情景，我深切地感受到他们面对命运时不屈的抗争，也深切地感受到他们深深的挫败感，而那种场景在我幼小的心灵里植入了一个强大的"无意识"——我必须掌控自己的命运，我拒绝屈从于命运的安排。我明白了自己的无意识一直都不接纳"这就是命"的结论，我要成为自己命运的主人。从那以后，工作和生活中的一切都变得简单了，我感受到了自己内心的从容坚定，我真正看见了自己。我知道在我的故事结束时，人们不会听到我说"这就是命"，我会说："这就是我想要的生活。"

古人有"内圣外王"的训诫，"内圣"指内在智慧通达，"外王"指拥有对外在的驾驭能力。古人的话有着严格的先后顺序，首先要内在成为"圣"，之后才能向外做到"王"。我们只有通过专注向内的自我修行，才能消除自我的秉性、习性所带来的影响，最终做到摆脱过往经历对我们的控制。曾子提出："吾日三省吾身。"每次"省吾身"都是在做自我观察，观察自己无意识的语言、行为和思维，从而管理好自己的言行和念头，一步步自我修正，通往觉行圆满。西方的心理学家提出的"把无意识意识化"，与"省吾身"如出一辙，它们的本质都是通过有意识地观察自我，增进对自我的了解，从而摆脱无意识对自我的控制，成为自我命运的主宰者。

无意识

在熟悉的环境中，只要稍不留神，我们的意识就会"睡着"，把所有的工作都交给无意识。我们把无意识的重复称作模式。每个人都有许多模式，这些模式会在无意识的状态下自动占用一个人的头脑、精力和时间。我们经常听到人们感叹："不知不觉一个月、一年就过去了，好像什么也没做，时间就这么没了。"其实不是真的什么都没做，而是无意识在做。虽然过往的经历形成的无意识能够让我们保持高效，然而当我们面对全新的环境，需要全新的技能时，无意识就无法再支持我们了。在无意识的状态下，我们会开启"自动驾驶"模式，对自我与环境都处于失察的状态，日复一日地重复同样的语言、行为和思维，重复固有的认知和感知，无论是现状还是自我都进入了封闭的自我强化的循环。

无意识都是以自我为中心的，总是认为自己是对的，有很强的自我保护性，这会带来一个很大的风险——我们将按照过去的经验而活，把自己囚禁在过往的经历之中。只要用无意识去思考和行动，我们就回到了过去，和当下断开了联结，错失了当下正在发生的一切，不断唤醒并重复自己过往的经历，无法带来成长与改变。

思考是无意识的范畴，总是在不断地重复制造同样的经历，问题非但不能通过思考得到有效解决，反而会被进一步强化。米兰·昆德拉引用了犹太人的格言"人类一思考，上帝就发笑"，指的就是人类集体的一个共同悲剧——我们依赖的思考能力并不能真的帮助我们摆脱问题的困扰。一旦我们开始思考，就陷入了头脑所制造的陷阱，犹如追逐自己尾巴的小猫，在自以为是的模式的操控下，开始了原地打转。

无意识都是基于个人过往的经验，都是在复刻旧有的经历，不断强化旧模式。

在无意识的状态下，大脑开启自动反应的模式，以自我固有的认知为中心来应对现状。

无意识犹如一个陷阱，困在其中的人依据头脑中已有的经验，自动化地处理遇到的一切事情，对外界刺激的反应只是本能的条件反射。

在无意识的状态下，我们发现与觉察的开关被关闭，不可能形成新的觉知，也就无法感知到更大的可能性。

无意识的反应模式往往是逃离痛苦、亲近快乐，很多人就在这种模式的操控下度过自己的一生。

无意识总是停留在自我中心，我们的耳、目、心就会被关闭，听不见、看不见，更加感受不到外面正在发生的一切，必然造成人与人之间的不理解与割裂。

思考是无意识所掌控的部分，无论我们做出多么努力的思考，都是依据头脑中已经形成的经验进行自动化的分析与决策。

我们的各种习性、习惯、瘾症都属于无意识的范畴。

无意识能够高效地执行任务，快速准确地处理事情，可是针对人就失去了效能。人与人之间的互动需要有意识，否则所有人都会因为没能得到对方的理解而失望。人所需要的耐心、聆听、关注和理解，这些都是基于当下所发生的一切，是无意识所无法做到的，因为无意识所做出的一切决定都只能基于过往的经历，只能服务于自我的需求。

一次深度访谈的启示

这是一家高科技企业的 CEO（创始人），一见面，他就非常热情地介绍自己的背景经历，从家乡谈到上大学、出国留学，再到后来的归国创业。他的创业过程也是非常顺利的，从 11 个人开始，发展到今天的 1200 多人。按照规划，公司两年内上市，现在却遇到了巨大的挑战。他说："创业之初，条件非常差，一切都从零开始，可是所有人都非常开心，大家互相信任、包容、支持、齐心协力，才有了今天的成就。现在条件比之前好太多了，无论是硬件环境还是薪资收入都远非昔比，可自己却有种非常强烈的无力感。整个公司的核心管理团队都表现出非常多的不满情绪，很小的事情就能够引发很大的冲突，以前特别令人激动的会议共创场景不见了，取而代之的是许多针锋相对的语言和情绪攻击。我感觉如果继续这样下去，公司上市的时间会被无限期拉长，甚至错失机会。我知道每个人都很努力，都渴望公司成功。可是，为什么大家不能像刚开始创业时那样？为什么管理团队会有那么多不满情绪？我希望能够找回我们创业之初的状态，大家一条心，让公司顺利上市，实现我们一起创业的共同梦想。我希望大家都能为今天取得的成就感到开心和满意，否则即使公司上市了，我也会很失望，也没有人会真正开心。这两年，我为此做过很多努力，如进行各种交流、培训、团队建设，过程中大家都感觉很好，可是回到现实中一切还是照旧，该吵吵，该争争。我的本职工作应该是科研，那是我擅长的，是我的热爱，而现在我整天处理各种纠纷，真的很不适应，这让我很崩溃。"

这是诸多高管访谈中的一个典型案例。一方面，物质条件与硬件环境越来越好，人们的不满情绪却越来越强烈，内在的冲突不断加剧，能量的流失不断加速，所有人都有劲使不出，想动却动不起来，集体在一个负向循环中越陷越深；另一方面，每个人都很努力，都渴望改变现状，可是自身的模式没有改变，因此，越是努力越是失望，最终只能无功而返。很显然，大多数团队成员的合作模式都出了问题，如果合作模式不发生变化，则所有人面对的挑战只会越来越严峻。

团队成员之间若要产生合作，必须依赖有效的对话。在无意识的状态下，每个人都有不同的频率，用自己最擅长的方式和他人对话，就像一群演奏家各自演奏着不同的旋律，制造出来的只会是噪声。如果对话的方式和内容没有改变，却期待得到不一样的成果，显然是在自欺欺人。只有停止无意识的以自我为中心的对话模式，才能开启有意识的对话。只有在有意识的状态下，团队成员才能听见、看见、感受到正在发生的一切，主动调整自己与对方同频，形成和谐的同频共振的互动，这时的对话才是真正的共同创造。

有意识

人类的大脑拥有发现与觉察的能力，我们把这种能力称作有意识。当面对全新的事物时，没有经验可以遵循，也没有可供参照的标准，我们就非常容易变得有意识。在刚开始学习骑车、绘画、乐器时，都会进入有意识的状态，开启发现与觉察的能力，无论是思考还是行动都明显慢了下来，我们表现得更加富有耐心，从一次次尝试中不断进步。经过大量的刻意练习，在熟练掌握了新的技能之后，我们就进入了无意识的状态，开始了简单的重复。

当我们有意识时，就自动停止了无意识的循环，成为现状和自我的观察者。你可以把有意识视作一位保持清醒的观察者，观察者是富有智慧的，观察者的视角必然会带来新的发现与觉察。我们往往只需要保持有意识的发现与觉察，就会自然而然地从具体的事情中抽离出来，许多困扰我们的问题就会迎刃而解。如果无意识是躲在暗处操控命运的那只手，那么有意识就是照亮黑暗的光。只有看见左右自我的无意识，我们才能停止无意识所带来的不断重复，开始真正成为自己命运的主人。我们不会再陷入固有的人生剧本，新的观念、新的思考、新的选择涌现出来，新的模式被开启，语言、行为和思维随之发生改变。

有意识指基于当下的发现与觉察。

有意识能够帮助我们看见自我无意识的模式。

有意识具有去伪存真的能力，帮助我们判断某件事究竟是想象还是事实。

有意识是理性之光，能够照亮黑暗，让我们看清当下发生的一切。

关注力只会被重要的事情吸引，有意识能重新定义什么是真正重要的事情，从而帮助我们管理好自己的关注力。

除非我们能够唤醒有意识的觉察，否则无法摆脱无意识的控制，想要的改变也不会发生。

有意识还具备修改无意识的能力——帮助我们重新定义过往的经历对我们的影响，指引我们超越自己过往经历的情感史，让关系得到修复。例如，原生家庭可能给了我们很多不开心的经历，无意识会自动割裂我们和原生家庭之间的情感，保护我们不再经历不开心的体验。然而随着意识的升级，我们开始期待重塑联结，这就需要我们有意识地对成长的经历进行重新发现与觉察，改写无意识留给我们的身体记忆。

随着有意识的指引，关注力会发生相应的转变与聚焦，引领新的发现与创造。关注力是创造力的源头，我们必须有意识地管理关注力，改变关注力的运用方式，从无意识中释放出关注力，让其重获自由。我们一直强调的反思、内省，就是有意识地对自己的语言、行为和思维进行反观，形成对自我新的发现与觉察，从而不断明晰自我内在的标准，调整自我的表现与内在标准对标，把关注力越来越多地集中在自我成长上。

刻意练习

经过近一年的学习小组聆听与反馈的刻意练习，我们开始听到彼此内心还没有表达出来的想法，对话中的评判越来越少，人与人之间的联结越来越紧密，每个人都能感受到来自整个集体的支持，许多新的想法在我们中间源源不断地产生。在每次对话中，只要我们能够慢下来，让大家分享自己的经历和感受，其他人只是听着，不打断、不评判，奇迹就会发生。原来彼此关闭的心门在不知不觉中打开了，很多时候大家讲着讲着就流泪了。所有人都开始变得开放、温暖，眼神中洋溢着美好。更重要的是我们每个人的生活都开心了，生活中的问题也都少了很多。我们应该有更多这样的交流，这会让生活没有任何困难。

从无意识到有意识

从无意识到有意识是我们意识进化的一个重要里程碑，甚至可以说是真正改变的开始。

从无意识到有意识指的是大脑停止思考与分析的工作模式，开启发现与觉察的工作模式。当我们能够有意识地观察时，就会发现大多数时候自己都在努力地原地打转，看到自己在做无用功，我们就会自动停下来，从解决问题转变为观察问题。解决问题和观察问题是两种截然不同的思维模式，前者把问题视作改变的对象，头脑中已经有了"这是个问题"的结论；后者把问题视作观察的对象，头脑中的假设是"问题的真相"是什么。很显然，这两种不同的思维模式带给我们截然不同的结果。

过去属于无意识范畴，是已知的部分；未来属于有意识范畴，是未知的部分。从表面看，过去和未来是一个时间轴，我们似乎能够同时看到过去和未来，然而实际情况并非如此。无意识无法进入未来，无论我们如何描绘未来，未来的一切都注定是未知的，是没有经验记忆的空间。在无意识的状态下，我们只能停留在自己的已知之中，那些试图通过已知探索未知的思维模式，不会创造出任何新的可能性。没有人能够直接进入未来，只能通过每个当下的延展开启对未来的探索。无意识将我们留在过去，有意识把我们带到当下，当下是通向未来的门，自我的成长和改变只能在每个当下的觉知中自然生成。

从无意识到有意识的体验

一位"与教练对话"的学员分享了她从无意识到有意识的体验：一直以来，我都是整个家庭的控制者，所有人都必须听我的，我认为我可以支持所有人，而且我都是为了他们好。上课的那天晚上，我们接到的作业是"点头、微笑、不说话"。因为要完成作业，我就不能像往常一样不断表达自己的看法，我只能看着大家的表现，听大家在说些什么。当我有意识地停止表达自己的想法之后，我发现自己对家里人竟然有那么多的不满和要求。刚开始，闭嘴不说话，真的很有挑战性，我感觉非常难受，甚至有点焦虑不安，可是过了不久，我感受到了家里的整个氛围都不一样了，孩子不再像平时一样吵闹了，老公的话也开始变得温和而幽默。我从来没有这样奇妙的感受，我不再焦虑地去忙碌、指责或评判，内心在那一瞬间安静下来，静静地感受着家里的温暖。我看到了每个人都在以最美好的方式存在着，整个家里充满了生命力。感知到这一切时，我非常感动，内心充满了感恩，我明白了我是个多么幸福的人。

从无意识到有意识的三个层次

第一层：脑——知止（止），停止头脑中无意识的念头和思考。

第二层：心——当下（定、静、安），停止行动，回归自己的内在，调整自我进入气静、心安的内在状态。

第三层：腹——觉知（虑、得），全新的发现，当我们的内心安定之后，真正的觉知就会自动显现，此刻的思虑才会有新的收获——超越自我。

"知止"是古今中外有大成者的必修课，只有停止在原来的思维模式里打转，才能开启我们的认知、感知和觉知能力，才能有新的思考和创造。尤其是在一个人人都过度思考的环境下，谁能够有意识地停止固有的思考，回归到内在去唤醒自我，产生更大的觉知，谁就能够摆脱纷繁复杂的信息的困扰，做出最有力量的决定。

从集体无意识到集体有意识

集体用无意识创造了集体都不想要的现实。

——奥托·夏莫

得益于教练的工作，我有机会和众多企业高管做深度的交流。必须承认，每位高管都有一个聪明的大脑，具备非凡的能力和丰富的工作经验，可是，如何带领团队及如何释放出团队更大的潜能和潜力依然是他们每个人面临的最大挑战，甚至他们中的很多人都被这个问题困扰已久。要想从根本上改变这样的现状，必须把团队从保护模式中释放出来，形成新的合作模式——联结模式。这就需要团队从集体无意识转变为集体有意识。真正困住一个团队的从来都不是事情，而是无意识的合作模式，所造成的人与人之间关系的割裂。

让我们慢下来，再多听听吧

我辅导过一个高管团队，他们面临一个很大的挑战——每次开会总是很压抑，经常不欢而散。为了支持他们摆脱这个恶性循环，我受邀参与了他们的会议。经过两次现场观察之后，我发现他们每个人都是一个"超级大脑"，有着对问题的独立见解，他们站在各自的角度，指出问题并且据理力争。他们每个人都非常有自信且有力量，争执因此会不断升级，形成更大的情绪冲突，最终的结果是两次会议都在糟糕的情绪中结束。到第三次会议时，不出所料，很快所有人都开始了各执己见的争论，我观察到所有人都开始失去耐心，不断打断彼此的谈话，旧模式又一次开启。我叫了暂停并做了以下陈述："我观察了三次会议，看到大家都在重复同样的模式——我们不断彼此打断，根本没有人有耐心把别人的分享听完，所有人都渴望被听见、被看见、被理解，可是没有人会去听别人到底想说什么。最终所有人都陷入自我无意识的模式中，非常焦虑，同时又无能为力，于是用更大的声音去争论，最后都是不欢而散。"当我把集体的模式呈现出来时，所有人都沉默了，他们看到了集体的模式，而这个模式正是他们都不想要的。

接下来，我向大家分享了对话中的两种模式，让大家看到了保护模式和联结模式是如何产生的，又是如何影响整个集体的。神奇的事情发生了，在接下来的交流中，所有人都慢了下来，声音也明显温和了许多，甚至他们从彼此的脸上看到了久违的笑容。在后来的会议中，每当有人的发言被他人没有耐心地打断、大家因观点不同而开始争执时，就会有人站出来说："我们又掉进保护模式了，让我们慢下来，再多听听吧。"

团队的模式同样需要被有意识地看见才可能改变，而且需要团队成员共同看见。只能经由有意识的对话，团队成员才能看见自己的模式，除此之外别无选择，这也是团队必须通过对话才能改变的原因。一旦共同看见了固有模式，所有人都会眼前一亮，因为大家看到了真正的问题是固有的模式，意识到真正重要的不是解决问题，而是改变模式，团队原本固着在问题上的关注力就被释放出来，并重新聚焦于对新模式的刻意练习。

在一个集体有意识的团队中，所有人都能够放下先入为主的评判，保持中正的态度，开放地聆听他人的观点，并接纳来自他人的反馈。在集体有意识状态下，所有人都会成为彼此的镜子，互相照见对方的盲区，为彼此带来全新的发现与觉察。在这样的团队中，每个人的认知都会得到扩展，解决问题、共同创造和成长自我三者同时发生。

"4C 团队教练"引导团队的关注力转向自身，支持团队成员看见集体的语言、行为和思维，不仅觉察这些语言、行为和思维背后的动机——为什么会有这样的语言、行为和思维，还要开放地探索这些语言、行为和思维能够给集体带来什么。这样的探索能够帮助团队成员看到集体无意识的模式，以及这些无意识的模式所带来的影响。支持团队成员通过有意识的对话听到那些原本就存在却恰恰被自己忽略的声音，看到那些原本存在却恰恰被自己忽略的事实，感受到那些原本就存在却恰恰被自己忽略的感受，从而重新定义团队及团队面临的现状。

走进教练的时代

人类用对话创造了世界，教练是对话的艺术。

任何新生事物都是时代环境变化的产物，全新的时代需要全新的合作模式。旧模式已经成长到了自我的边界，与此同时，新模式也在旧系统的裂缝之中生长，像新生的婴儿，虽然很稚嫩，却昭示着一个时代的到来。

我是 20 世纪 70 年代出生的人，在我们那个时代，信息的来源非常有限，我们从更有经验的人那里学习，被告诫"不听老人言，吃亏在眼前"。这是一个什么样的世界？如何处理人与人之间的关系？什么是对的？自己要成为一个什么样的人？一切都需要按照一定的传承标准来决定。20 世纪 80 年代出生的人的信息来源更广，互联网使他们和世界有了更多的联结，加上他们基本都是独生子女，受到了更多关注和支持，自我意识在一定程度上得到了发展。20 世纪 90 年代出生的人更不一样了，他们是互联网的原住民，学习的方式发生了深刻的变化，他们对事情的分析判断方式，甚至对他们真正重要的东西都和之前大不相同。如今，"90 后"甚至"00 后"已经是职场主力，由于对世界和自我认知的不同，激励他们的方式、释放他们的创造力的方式都发生了变化。我们必须看到，这是一个完全不同的时代，人们学习、沟通、创造的底层逻辑都在改变。人们的自我意识开始苏醒，自我也开始变得更加强大，年轻人不再甘心只做实现他人想法的执行者，转而开始追求自我实现，追求超越物质的精神、能量、成就感。

正是在这样的大背景下，教练从众多的管理与领导技能中脱颖而出。近 10 年来，教练已成为世界一流企业领导者提高生产力水平的秘密武器，受到众多企业的青睐。教练的核心能力被越来越多的企业纳入领导力的基本能力范畴，各种教练课程和工作坊如雨后春笋般兴盛，许多企业纷纷设立内部教练赋能中心，这是一个属于教练的时代。

教练已经成为企业领导者的日常角色、行为规范与心智模式的一部分。

领导者首先是一名教练。

第 **5** 章

认识教练

如果你渴望在人生的竞赛中拿到冠军，那么你需要一位教练；如果你对自我生命的更大可能性充满好奇，那么你需要一位教练；如果你对新的创造充满向往，那么你需要一位教练。

"教练"一词多见于体育竞赛，从表面上看，选手聘请一位教练，是为了在竞赛中战胜对手，取得胜利，然而"赢"并不是教练的工作，更不是教练的目标。无论是教练体育竞赛选手，还是教练一位企业家，核心都是——支持他们突破内在的自我局限，释放更大的潜能，兑现更大的潜力。每个人都需要学会一次次地放下已知，亲身穿越成长路上那些卡住自我的窄门，进入更广阔的生命空间，在工作、生活乃至生命的赛道上不断实现自我超越。

自我与自我的竞赛

在一次朋友聚会上，我遇到了上海国家奥林匹克运动中心的负责人，他听说我是教练，就很好奇地问我做哪方面的教练，我说："我帮助我的客户达成自我渴望的目标，把自我的价值最大化。"他继续问："每个人渴望的目标都不一样，遇到的问题也不一样，你们怎么做？"我告诉他："无论人们遇到何种问题或挑战，都需要从自我的内在去实现突破。"他说："太对了，在体育竞技中，高手之间的竞赛，最终都是和自我的竞赛。"紧接着，这位负责人又总结说："作为一名竞技体育的教练，首先一定要能够看到选手所拥有的巨大潜能，然后要持续努力，不断激活选手内在那种富有潜能的状态，慢慢地，选手会变得对自我的潜能无条件地信任，你会明显地感觉到选手比之前更加自信，他们会自动地把目标设定在一个更高的标准，开启一个新的成长阶段。只要他们内在对自己是自信的，你就会发现他们迟早都会到达那里。"停了一会儿，他接着说："我们奥林匹克运动中心的每位运动员都有能力拿到奥运金牌，最终谁能拿到，比的就是谁对自己更加信任。"

虽然职业教练在我们的工作和生活中已经得到极大的普及，可是人们对教练的认知还存在很多误区。通常最常见的是，许多人因为遇到了难以战胜的困难而寻求教练的帮助，也有人会请教练帮助自己做情绪疏导甚至心理疗愈。教练当然能够支持客户战胜困难，也能够给人们带来内在情绪的释放，甚至疗愈伤痛，可这并非教练所专注的工作领域，更不是教练真正的价值所在。

我们必须不断清晰职业教练的工作范畴和价值准则，否则人们对教练的工作会有误解，产生不接纳教练对话的情绪，这会为教练工作的开展和价值实现制造不必要的困难。

经常会有人问："什么样的人适合被教练？如何衡量教练的价值？"首先，我想说类似这样的问题都没有标准答案，否则就是教条了。然而这两个问题又特别重要，因为一个关乎客户的选择，另一个关乎教练的价值。尤其是对于职业教练，清晰这两个问题，对于自身的职业发展和价值实现都至关重要。在这里，我只是分享一下我个人的一些思考，目的是给大家提供不同的视角，引发更多对这两个问题的思考。我期待并相信每个人都会找到属于自己的答案。

什么样的人适合被教练？

我也认可"所有人都可以被教练"这个观点，同时我想说作为职业教练，我们要放下"教练所有人"的想法。首先，教练要学会聚焦，慎重决定把自己的时间和精力花在哪里，这非常考验一个人的智慧和勇气，也是事关你的教练事业成功与否的关键。每个人都需要为"生命价值最大化"负起责任，这对于教练的职业发展尤其重要，因为只有教练将自己的生命价值最大化，才能实现客户的生命价值最大化。

教练只能教练对"更好"充满渴望的人。

那些已经自我满足，自以为是，故步自封的人无法被教练；那些自暴自弃，对自我没有要求，对人生不抱期望的人无法被教练；那些已经从人生竞技场退休，只求安度余生的人，不能被教练。作为一个人你可以爱他们，让他们按照自己的方式去生活，但是切记不要试图去唤醒他们，你会失望的。没有人能把一个不想爬上梯子的人弄上去，装睡的人唤不醒，这些道理同样适用于教练。作为职业教练，你不能把时间花在这些人的身上，因为还有更多的人需要你，把你有限的时间和精力用在最富有潜力的地方，这才是对自己、对他人、对职业都负责任的做法。

客户准备好了，教练才会出现。你无法教练一个不想成功的人取得成功。你只能教练那些渴望成功的人获得成功，客户对成功的渴望是教练出现的前提。

其次，教练的工作是助力成功者更成功。

在实现更大人生目标的挑战中，观望者多，践行者少，因此成功者永远只是凤毛麟角。许多人都对成功者充满了仰慕，津津乐道地谈论着别人的成功，可是很少人真的相信自己能够成功。只有那些渴望赢得更大的胜利，相信自己尚有巨大的潜能和潜力，梦想着成为自我人生冠军的人，才会渴望被教练。无论在哪个领域，真正的教练都是稀缺资源，通常教练在服务的也都是这个领域的优势核心资源。一名优秀的教练首先要放下拯救者的心态，专注于支持客户获得更大的成功，将自己的关注力聚焦于最富有资源与创造力的领域，这也意味着实现更大的社会价值。

我们看到社会精英人士非常喜欢聘请教练，原因是他们明白"一个人真正需要战胜的是自己"。社会精英人士真正需要的往往不是指导，也很少有人能够在他们工作的领域给予建议，然而他们依然对自我成长有着强烈的渴望。从某种程度上讲，精英人士的成长更重要，因为他们往往拥有更大的影响力。如果一个组织中最重要的领导者发生改变，那么整个组织都会随之而改变。职业教练所习得的独特的内在状态与职业能力，使得他们在支持精英人士的成长方面，拥有得天独厚的优势。

如何衡量教练的价值？

无论对于什么工作，价值衡量都是一个挑战，尤其是教练的工作。教练的目标是支持客户成长，成长是一个长期的动态过程，难以用一个具体的标准衡量。基于教练以客户为中心的基本原则，通常有以下三个方面可以用来衡量教练的价值。

第一，合约目标。

教练需要与客户签订教练合约，其中会清晰描述教练的目标和具体成果。每一次教练对话结束，教练都会与客户确认是否实现合约目标以及拿到客户想要的具体成果，可以邀请教练客户进行评价打分。对于长期教练合约，可以分阶段进行教练成果评估，邀请客户对于教练成果的达成给出自己的反馈，这也可以作为教练价值的衡量标准。

第二，第三方评价。

如果教练对话中涉及重要的利益相关者，可能是某些个体，也可能是一个组织，称为第三方。我们可以邀请第三方就教练客户在接受教练之后的变化给予评价，这样的第三方评价往往非常具有说服力，比较典型的是企业中经常使用的 360 度评价。

第三，关键指标测评。

这种教练价值衡量方式主要用于企业高管。企业为自己的高管聘请教练，进行有针对性的领导能力提升。通常在教练合约执行前，教练与企业方负责人及教练客户，以三方会谈的方式确定清晰的教练目标与价值衡量标准。除了能够准确衡量的数字指标外，对于那些无法准确衡量的软性指标，最好的方式就是进行前测与后测，这样就能够对比客户在教练前后的变化，我们可以称之为关键指标测评。

总之，教练价值很难用确定的标准进行衡量，最好的评定方式就是来自客户口头或书面的直接反馈。把对教练价值的衡量交给客户，这也会有助于建立客户与教练之间的信任感。

教练客户的渴望

我并不知道教练能给我带来什么，开始时，我的老板告诉我公司为我聘请了一位教练，我以为他对我产生了不满，想请教练来修理我、改变我。因此，刚开始进行教练对话时，我内心是有抵触情绪的，可是随着教练对话的开展，我开始意识到教练真的能够帮到我。通过教练的陪伴与支持，我看到了自我的模式，看到了自我固化的思维带来的影响，看到了问题都可以从自我身上找到答案，看到了自我认知的盲区。在教练过程中，我真切地体会到了教练并没有想改变我，相反我感受到教练对我有深深的接纳和认可，然而最终的结果却是我真的改变了，而且这是我一直渴望发生的。现在我感知到教练真的太重要了，每个人都需要教练，因为教练能够让每个人都赢得属于自己的成功。

每个人都渴望踏上自我内在进化的旅程，外在越大的梦想需要内在越大的格局来成就。同样，外在经历的挑战越大，能够转化成的内在能量就越高，给人带来的内在成长也越多。永远都有一个更强大的自我，沉睡在每个人的内心，教练会直奔那个最强大的自我，因为让强大的自我投身行动，永远要比让平庸的自我变得强大更加容易。

教练是什么

国际教练联合会（International Coach Federation，ICF）这样定义教练：专业教练作为一个长期伙伴，旨在帮助客户成为生活和事业上的赢家，帮助他们提升个人表现，提高生活质量。教练经过专业的训练，能够聆听、观察，并按客户的个人需求而定制教练方式。教练相信客户生来就是富有创意与智慧的，他们激发客户自身寻求解决办法和对策的能力，而教练的职责是提供支持，以增强客户已有的技能、资源和创造力。

我们再从古人对职业的描述中找答案。古人对职业的分类是"奴、徒、工、匠、师、家、圣"。奴：被迫工作，不得不做；徒：自愿学习，但能力不足；工：按规矩做事，踏实可靠；匠：精通一门技能，专注深入；师：掌握规律，并传授给他人；家：拥有固定的信念，让他人的生活变得更加美好；圣：精通事理，通达万物，为生民立命。教练不传授经验或方法，他们在工作时必须保持全然无知的状态，因此可以肯定教练不是"师"，而教练也尚未到达"圣"通达的境界。教练有自我固定的信念系统，专注于支持他人成为更好的自己，让生活环境变得更加美好。可见，今天的教练就是古人所说的"家"。

教练专注于促进客户的成长与发展，通过支持客户观点、态度与行动的持续更新，调整客户的状态与行动方向，提升客户行动的效率、专注度和有效性，提升客户的绩效表现及个人成就感，支持客户实现自我价值。教练通过对话，开启客户向自我内在探索的全新旅程，支持客户观察自我，重新认识自我，最终实现自我超越。

首先，教练是一个承载的工具，赋能客户从现状去到目标。

其次，教练是一种生活状态，教练生活化，生活教练化，保持良好的教练状态，能够促进日常生活积极有序地发展。

最后，教练是一个职业，拥有完整的信念系统、职业准则和行为标准。

教练是人类集体智慧的结晶，是一门最贴近真实生活的新技能。我们几乎很难界定教练理论的边界，其理论发展涵盖了心理学、哲学、生命智慧、系统动力学、灵性、能量等方面。教练注重的是应用的有效性，实用和高效是教练的典型特征，这也是教练能够在今天复杂的商业环境中脱颖而出的原因。

教练是一种新的思维观念、一种新的生活方式、一种新的生活实践。

教练——重新定义成功

在世俗层面，成功大多是一个比较的结果，如谁成功了，谁比谁更加成功，实现什么目标就是成功……指的都是在某个领域达成一定的外在标准，或者在与他人的竞争中获胜。这种外在的比较，让人们一会儿成功，一会儿失败，一会沾沾自喜，一会自我否定，不断在成功的喜悦和失败的痛苦中穿梭。每个人都是独特而丰富的，没有人能够复制别人的成功，那些比较出来的成功也只是暂时的自我安慰。除非认识自己，找到自己的热情、价值、目标、梦想，否则你永远无法获得真正的成功。

成功是一种习惯，和所有的思维模式一样，成功的思维模式也在无意识中主导一个人的言行。成功者的思维模式能够让他们得到更多的资源，拥有更多的选择，迎接更大的挑战。正如坎贝尔所说："英雄总是被召唤去经历更大的冒险。"成功者也总是被召唤去创造更大的成功。成功者能够踏实地立足于现状，直面接踵而来的问题和挑战，自我磨砺、勇于行动，不拒绝、推诿，也不惧怕犯错。成功者总是能看到现实生活中不断呈现出来的各种可能性，迫不及待地接纳新生事物，仿佛自己的每一天都是全新的开始，并且他们更愿意为探索自我更大的可能性付出时间、精力和金钱。

每个人都有作为成功者的体验。教练把每个客户都视作成功者，唤醒客户作为成功者的那一面，帮助他们拿回自由选择的权利，支持他们成为自己想成为的人。教练帮助客户重新定义成功：看到自我内在真正的渴望，关注我内在的突破和成长，专注于自我生命力中最大的可能性——自我实现，从每次的亲身经历中获得学习和成长。

教练坚信成功必须由坚定的行动造就，而不仅是语言。

成功是什么？

笑口常开，心中有爱；得到智者的尊敬和孩子的喜爱；接受诚恳的批评，容忍劣友的背叛；欣赏美的事物；寻找别人身上的优点；自我奉献；让世界变得更美好——培养健康的孩子；种一片绿地，改善社会环境；热情地游戏，放声大笑，愉悦地歌唱；知道至少有一个人因为你的存在而生活得轻松愉快……这就是成功。

——拉尔夫·沃尔多·爱默生，诗人、散文家、哲学家

教练做什么

教练只做一件事情，支持客户实现自我——从现状去到目标。现状指客户赖以生存的环境。目标则包含了互相成就的两个部分：向内探索自己的潜能，成为更好的自己；向外探索并实现潜力，创造全新的现实。

在教练的基本原则框架下，教练的工作方式非常灵活，因为教练本身就是灵活、多元和富有创造性的典范。

教练的典型工作过程

确定目标

我们不能没有"目标"，一旦没有了"目标"，也就失去了行动的方向与动力。我们也不能重复同样的"目标"，重复同样的"目标"，不会带来自我的成长，也无法带给我们更大的成就感。表面上看起来，我们是在追寻外在的"目标"，然而，没有人只是为了实现"目标"而行动，我们需要通过达成那些超越现实的"目标"，来开启自我内在的更大潜能，实现自我生命价值的最大化。因此，教练的目标通常都和更深刻的自我发现以及更大的自我成就相关。

观察现状

在通往"目标"的路上，"现状"就是我们此刻脚踩的地面，可能平坦坚实，也可能泥泞不堪，甚至可能是一片沼泽。如果现状能够提供足够的支持，我们就会坚定有力地向着目标行动；如果现状无法提供足够支持，我们就会感受到疲惫无力；如果现状已经把我们困住了，除非现状发生改变，否则我们就没有办法继续行动。现状中的困难和挑战并非真实存在，是我们观察现状的方式、角度或层次产生了相应的问题。教练打开客户观察现状的视角，一旦客户超越了自我对现状的固有认知，就轻松地摆脱了原本的困扰，找回继续向前的动力。

创建选择

大多数客户找教练，要么因为面对现状没有选择；要么不知道怎么选择，他们希望在教练的支持下做出一个正确的决定。然而教练并不是帮助客户做选择，而是帮助客户看到自我拥有很多选择。拥有很多选择就意味着没有失败，意味着自主和自由尝试。正如心理学家艾瑞克森所说："来访者找到我，希望在向东走还是向西走之间做出一个决定。我希望他们从我这里离开，走出房门时，他们不仅可以向东走还可以向西走，同时，他们发现还有很多方向可以选择。"有选择的人生是有力量的。教练就是帮助客户创建选择，让客户意识到自我拥有很多选择。当客户轻松自在地说："去做吧，没有哪个选择一定是对的，不试怎么能知道呢？"教练也会说："看吧，你总是拥有选择，我看到你已经迫不及待地要行动起来了。"

聚焦行动

行动需要持续的能量支持。聚焦产生更大能量。教练通过帮助客户清晰与行动相关的细节，把客户的关注力聚焦在行动上。首先帮助客户最大限度地清晰行动的路径、行动的过程，以及拥有的选择和资源；其次，看清过程中各种挑战和障碍；最后，确保整个执行的过程能够得到足够的时间与资源上的保障。教练还会和客户及时约定针对行动成果和体验的分享，随时支持与调整行动方案。面对"未知"，思考是没有任何创造力的，只有放下"已知"之后的"行动"才能够走进"未知"，行动中的人没有困难。

不断调整

所有提前设置的行动方案，都是固有的"思维模式"创造出来的，只是"已知"的内容。没有任何一种行动方案是必然可行的，教练需要支持客户在行动中做出持续调整。每一次调整行动策略都是向目标迈进的一步，都会带来新的反思与学习。只要目标是清晰的、行动是坚定的，行动策略就会自然保持灵活性。

直至成功

支持客户达成自我想达成的目标，成为自我想成为的人。支持客户拿到自己渴望的成果，这是教练自身价值的体现，更是教练的使命。

至此教练完成合约目标。

教练的工作方式

有一位 2600 年前的教育大家（圣人）完美地阐述了教练的工作方式，这个人就是孔子。子曰："吾有知乎哉？无知也。有鄙夫问于我，空空如也。我叩其两端而竭焉。"孔子提出自我是无知的，一位普通得不能再普通的凡人问他问题，他保持"空空如也"的状态，只是叩问事物的两端，问题就自动解决了。这里的"叩"是通过询问引发思考的意思。教练首先要能够保持"空空如也"的状态，然后用问题去激发客户思考，当教练的问题触及客户思考的边界时，客户的问题也就得到了解决。

教练专注于从客户自身的角度和目的出发，运用聆听、反馈、强有力的提问等专业技巧，帮助客户明确目标、激发潜能、发现可能性、充分利用可用的资源，以最佳的状态、更高的效率达成目标。

教练是对话的艺术

对话是人类社会最具创造力的行为，甚至可以说是对话创造了一切。良好的对话能够给我们带来更深刻的发现与觉察，还能够唤醒我们对自我的认知。对话是所有合作产生的前提，人类的一切社会活动都需要通过对话发生。教练把对话视作一门艺术，确保对话精确、细腻、富有创造力，是教练一生的追求。

教练的核心能力

国际教练联合会定义了职业教练的八项核心能力，这是至今为止全球范围内最权威也最受尊重的职业教练能力体系之一。我在这里把这八项核心能力分享给大家，并且根据我的理解进行了一些备注，以帮助大家更好地理解和掌握"4C 团队教练"的核心能力。

职业教练的八项核心能力

01 展现道德操守

定义：理解并始终如一地保持教练道德和教练标准。

注：这是教练对客户的承诺，是教练能够受到客户的信任和尊重的保障，是教练能够在正确的方向上持续自我精进的基本前提。

02 体现教练心智

定义：培养并保持一种开放、好奇、灵活、以客户为中心的心态。

注：这是教练的核心，是教练价值实现最重要的保障，更是教练一生自我修行的方向。

03 建立和维护协议

定义：与客户和利益相关方建立伙伴关系，就教练关系、过程、计划和目标达成明确的协议，为整个教练工作及每次教练对话建立协议。

注：清晰的教练协议为教练的工作保障和价值衡量提供依据，同时也保证了教练执行的有效性与完整性。

教练协议并非一成不变，在教练与客户达成一致的情况下，可以灵活调整。

这里的协议包含两个部分：一个是整个教练合约的协议，另一个是每一次教练对话对于目标与成果的界定协议。

04 培养信任和安全感

定义：与客户合作，创造一个安全、支持的环境，使客户能够自由分享，保持相互尊重和信任的关系。

注：信任和安全感是人与人之间沟通的基础，只有在这个基础上才可能开展有效沟通。信任与安全感的建立是一个持续的过程。

对客户保持真实与真诚是建立信任和安全感的有效方式。

05 保持同在感

定义：充分意识并与客户保持同在，采取开放、灵活、脚踏实地和自信的风格。

注：理解、同理、共情、同在，是我在沟通中经常使用的四种能力，相较前三者，同在更多的是一种状态，能为客户带来深刻陪伴的感受。

教练在同在的状态下，能够高度同频并精准感知客户，为客户提供对自我的有效觉察。

06 积极聆听

定义：专注于客户表达的和未表达的部分，以充分理解客户在其系统语境中正在进行的交流，并支持客户的自我表达。

注：聆听是交流的基础。教练的聆听需要超越"听懂""听明白"，是一种更纯粹和纯净的听。教练能够听到客户自己都没有觉察到的信念模式和意图。

07 唤醒觉察

定义：通过使用强有力提问、沉默、隐喻或类比等工具和技巧，促进客户的洞察和学习。

注：唤醒觉察是教练的一个核心价值。觉察所带来的新的思考与发现，能够为客户创造新的选择。

支持客户通过对自我的观察和觉察，重新认识自我。

08 促进客户成长

定义：与客户合作，将学习和洞察转化为行动，在教练过程中提升客户的自主性。

注：教练的价值最终体现在行动而非谈论上，知行合一。

国际教练联合会定义了教练的基本能力框架、工作原则。作为教练的践行者，我们需要进一步发展教练的理论体系，甚至不拘泥于最初的能力框架、工作原则。事物发展的过程就是一个不断打破最初假设的过程。不断打破固有的框架、原则是教练的一种基本精神，教练永远不会停止自身进化的脚步。

教练的原则

每个职业都需要遵循基本的原则，清晰这些原则是理解这个职业的第一步。

教练作为一个职业，必然有自己的基本原则，这些基本原则是教练成果最大化的前提，更是教练职业得以持续发展的保障。关于教练的原则，有着各种各样的描述，所有这些描述都必须本着遵守国际教练联合会对于教练定义的解释。我结合自己多年的教练学习和实践，总结出以下原则，掌握这些原则，能够帮助我们更清晰地理解教练，同时也能为教练的持续学习成长提供支持。

以客户为中心

在整个教练过程中，客户始终需要置身于对话的中心，必须受到最大限度的尊重与重视。具体表现为：以客户可以接受的方式开展教练，用客户最熟悉的语言系统，关注客户所关注的事情，谈论客户希望谈论的话题，尊重客户的文化和习惯等。教练对话之所以能够为客户创造超越其预期的价值，根本原因就在于教练将对话从自我中心转为客户中心，对话中心的变化带来的是整个对话内容与方式的彻底改变。

关注人而非事

每一次，当我提及"关注人而非事"时，通常都会遇到疑问——这和我们一直强调的"对事不对人"是不是有矛盾？其实是不矛盾的。"对事不对人"是指遇到问题时，保持理性思考，不把问题指向他人，以免把简单的问题激化成人与人之间的矛盾。教练强调关注人而非事，因为教练的意图是支持客户实现自我突破，而不是如何解决问题。一旦客户突破了自我原本的认知或状态，他们面对自己的问题会有全新的选择，选择来自客户自身，因此客户也会更有信心。

教练对客户的关注表现为以下三个方面。

第一，关注客户对事情的理解方式，能够困住客户的是其对事情的理解而非事情本身。

第二，关注客户的情感与状态变化，这会让客户感受到自己被看见、被支持，让客户变得更有力量。

第三，关注客户更深层次的渴望、意图、信念、模式等，这些往往都是很难被客户自己所感知到的，是客户潜意识中真正左右自己的部分。

教练要能够帮助客户探索到对他们真正重要的东西。这些真正重要的东西往往就在客户自己身上，在客户的头脑里、心中、潜意识中，而不是在事情中。

聆听而非思考

教练需要成为一位真正的聆听者。聆听是一个人能够给予他人的最美好的礼物。通过聆听客户，教练让一个人得到巨大的内心满足。当教练全身心地聆听客户时，客户能够感受到被理解、被接纳，甚至被深深地爱着。在教练过程中，教练不能有自己的思考，因为人在思考的同时无法聆听，这会导致教练与客户关系的断联。思考是以自我为中心的行为，一旦教练在对话中加入了自己的思考，整个对话就不再以客户为中心。当客户感受到自己的思考变得不再重要时，他们就会失去对对话的信任，甚至开始怀疑自己的选择。

不带观点的聆听是人类的最高智慧。

——克里希那穆提

看见而非判断

没有人需要你的建议，更加没有人需要你的评判，所有人都期待被看见。在大多数对话中，人们并没有被看见，客户渴望的是被如实地看见。教练能够从多深的层面看见客户，客户就能够从多深的层面醒来。所有人都被困在表面的语言信息之中，不停地分析、判断、澄清，陷入以自我为中心的保护模式之中，这样的对话无法支持人们对自我产生新的认知。判断始终是不准确的，尤其是带有评价性质的判断，不仅无法支持客户，还会让客户产生强烈的对抗情绪。海灵格说过："当你只注意一个人的行为时，你没有看见他；当你关注一个人行为背后的意图时，你开始看见他；当你关心一个人意图后面的需求和渴望时，你看见了他。"教练一定要时刻注意：是否因为自己先入为主的成见、是否因为自己执着于某个成果，而没能真正看见你的客户。

启迪而非告知

教练通过一系列层层深入的提问，启迪客户的心智，支持客户探索更多可能性而非正确答案。启迪客户心智的有效方式是问而非告知。对话中的告知往往强调什么是正确的，这会令客户陷入寻找唯一正确答案的陷阱。告知他人解决问题的答案，实际上剥夺了对方自行思考的权利，久而久之，对方就真的不会思考了。教练应帮助客户看到：面对未知，没有哪种方法必然正确，有的只是可能性，这会让客户放下成败的心态，专注于通过行动探索属于自己的解决方案。

学习无处不在，在风中，在河流中，在食物中，在家庭和朋友的爱之中。

——印第安箴言

好奇而非先知

每个人都是一座宝藏，其内在所蕴藏的能量和创造力远远超越我们的想象。我们的大脑总是自以为是，特别喜欢下结论，往往别人话还没说完，我们就已经知道了对方的问题出在哪里，甚至会直接打断对方的表述。教练必须能放下先入为主的判断，带着满满的好奇心，这样才能够对客户有更多的探索，进入客户自己都没有探索过的内在空间，支持客户不断有新的发现。

赋能而非拯救

当你试着主动伸手去拯救他人时，犹如你强行剥开蝴蝶蛹，想让里面的蝴蝶飞起来，最终带来的只有伤害。人的成长或改变是内在生命力生长的过程，不仅需要能量，还需要足够的信任和耐心。教练必须放下拯救者的心态，拯救无法让客户变得强大。客户需要的是被赋能——提升自身的"势"，然后凭借自己的力量突破自我发展的瓶颈。

把握当下而非提前安排

我们都很擅长提前安排，如做战略、定策略、排计划。在做一件事情之前，我们会在大脑中做各种预演，越重要的事情，我们的预演就越复杂，最终导致过度思考。未来是未知的空间，面对未知，我们的头脑是无能为力的，如果我们试图通过头脑的思考去掌控未来，只会徒增焦虑。教练对话没有办法被提前安排，因为教练的对象是人，人非常敏感且复杂多变。教练只能把握每个当下，才能有效地支持客户对自我的探索。完美匹配客户需求的对话只能基于当下的感知生成。

永远朝向客户的渴望

客户聘请教练是因为自己内心有更大的渴望，无论客户谈论的是面临的挑战还是情绪的困扰，即使客户在抱怨自己对现状的不满，都是在表达自己更大的渴望。教练客户就是教练客户心中的渴望，支持客户实现自己的内心渴望。教练通过对话的过程，聆听客户内心的渴望，通过富有耐心的探寻，支持客户将内心的渴望一步步具象化，帮助客户将渴望的成果变得越来越清晰和具体。当客户内在的渴望重新被唤醒时，他们也就重新燃起激情，随之而来的就是坚定的行动。

如果你想造一艘船，不要把人们召集在一起去收集木材，也不要给他们分配任务和工作，而要唤醒他们对无边无际的大海的渴望。

——安托万·德·圣埃克苏佩里，《小王子》作者

教练的边界

教练职业标准的界定有着清晰的边界，只有在边界之内的对话才能被称为教练式对话。

教练要做到没有评判

评判指对人、事、观点的评价和判断，任何评判都只能基于自我的认知做出。当我们有评判时，他人会产生不被理解和不被接纳的感受，这会破坏人与人之间的关系。在对话中，只要出现评判，人们就会自动进入保护模式，开始无意识地保护自己，甚至争辩，最终导致对话中断、关系割裂。评判是对话的终结者，教练必须放下所有的评判，才能陪伴客户开展有效的对话。

教练要做到没有建议

教练必须谨记：答案永远都在客户的内心，教练的职责就是帮助客户找到自我内心的答案。任何建议都会带给客户居高临下的感觉，会让客户产生自己不够好的错觉，给客户带来压力和不自信。每个人都只能按照自己的思维创建行动，没有人能够按照别人的建议去行动。因此，建议只会增加客户的困扰，让客户的思考变得更加复杂，拿走客户的能量。反之，教练需要做的是激发客户的思考，支持客户创建自己的想法，赋能客户按照自我的想法去行动，这会带给客户更大的成就感。

教练的过程中没有引导

客户希望在教练的帮助创建属于自己的行动方案，引导可能在短时间内有效，客户会感觉得到了一个不错的解决方案，但终究不是客户自我内心的答案，因此这样的答案无法给客户带来更大的满足感。在外在引导下得到的答案无法消除客户内心的疑虑。客户没能找到真正属于自己的答案，就无法产生真正的行动动力。这就是为什么对于引导出来的答案，客户通常会答应试试看，而不是感觉自己能量满满，迫不及待地要行动起来。

教练不针对问题的解决

我们的头脑很容易被问题吸引，总是在思考：问题出在哪里？问题是什么？应该如何解决问题？如果我们对大脑的这一运作方式没有警觉，就非常容易掉进不断解决问题的陷阱。帮助客户解决问题不是教练的工作，客户的问题源自自我内在的冲突，教练需要做的是帮助客户从自我内在进行重新整合。只要客户形成了自我内在的一致性，就能够创造性地找到最佳的问题解决之道。客户的思维方式决定了他们会遇到什么样的问题，思维不变问题就会一直重复出现。因此，教练专注于对问题产生新的思考，而不是寻找问题的解决方案支持客户。

教练不做内在的疗愈

有些客户带着过往的创伤来寻求教练的帮助，这种以疗愈创伤为目标的对话超出了教练的工作范畴，教练必须放下疗愈客户创伤的想法。

那些疗愈过往伤痛的问题属于心理学工作的范畴，教练和心理学分别指向不同的方向，心理学倾向于通过支持客户自我探索解决心理问题，最终使其恢复到一个正常的能量水平。在教练的眼中，客户没有任何问题，所做的探索都指向未来和全新的可能性。教练要做的是释放客户内在的创造力和热情，形成超越现状的能量水平，支持客户自我实现。值得注意的是，如果客户反复纠缠于自我内在的困扰或过往经历的伤痛，则很可能需要相应的疗愈。此时教练需要向客户说明，并征求客户的意见，鼓励客户去寻找相关专业人士的支持。

教练的信念

信念创造现实

如果要界定教练和其他职业的最大不同，那么肯定是信念系统的差别。每一位教练都有自己固定的信念系统，所有这些信念都是围绕着让他人的生活更美好的。

每个人都需要信念系统的支持，信念创造现实。一个人拥有什么样的信念，取决于其过往的经历。教练从大量的实践中总结出来一套固定的信念系统，用以支持教练的实践与发展，当然这绝对不是最终的答案。作为教练初学者，你可以先选择让这些信念成为自己的思考框架的一部分，通过更多的教练实践，你会在这个基础上发展出属于自己的信念系统，从而形成属于自己的教练风格。

教练相信每个人都有尚未施展出来的巨大潜能，这也是人类的一个集体信念。一旦这个潜能的开关被打开，能量就会源源不断地输送出来，人们从此不再需要外力的驱动。开启潜能是促进客户成长的最高效且最有效的方式。

教练的信念就是开启客户潜能的钥匙。

每个人都有自己独特且庞大的信念系统，教练的信念系统也是如此。我在这里分享构成"4C 团队教练"的三条基础信念和七大核心信念，这也是我个人践行教练的基本信条。

三条基础信念

教练相信"问"的智慧

没有什么问题是用一系列提问解决不了的。

随着近年来职业教练的发展与普及，提问的能力得到了越来越多的关注，其实通过提问解决问题的方式由来已久。孔子的"叩其两端"中的"叩"就是"问"。禅宗修行中帮助人们开启智慧乃至开悟的最重要的方式就是"问"。大哲学家苏格拉底也说过："答案就在问题里。"任何一个问题都是由许多具体的小问题构成的，通过回答每个具体的小问题，可以使整体的问题得到澄清。

教练相信一切的发生都恰到好处

在教练的思维中，没有对与错、好与坏，只有聆听、观察和中正的反馈，教练就像纯净的镜子一样。处理问题最有效的方式是接纳，先接纳，后改变。接纳原本不能接纳的人和事，意味着自我边界的扩展，也意味着类似的事情以后不再带来困扰。一切的发生都恰到好处，意味着一切都是来成就我们的，如此我们就能够从所有发生的事情中收获到意义。

我个人特别喜欢下面这四句话。

无论遇见谁，他都是你生命中该出现的人。

无论发生什么事，那都是唯一会发生的事。

不管事情开始于哪个时刻，那都是对的时刻。

已经结束的，已经结束了。

教练相信行动中的人没有困难

教练和行动有关，只要能够支持客户面对困难迈出第一步，就是巨大的成功。这代表客户已经超越了困难，同时客户会从行动中获得对困难的全新认知。

是想法让事情变得困难，你只要轻轻触碰一下困难，就会发现真实的感受和你的预想是不一样的。遇到困难时，不妨试着先让自己回到内在，只专注于调整自己的身体感受，从身体中唤出有能量的状态，然后行动。困难会让人止步不前，行动中的人没有困难。

七大核心信念

> 每个人都是有资源的。
>
> 每个人都是有能力的。
>
> 每个人都是有价值的。
>
> 每个人都是有资格的。
>
> 每个人都是有梦想的。
>
> 每个人都有能力实现自己的梦想。
>
> 每个人都有资格成为自己想成为的人。

"七大核心信念"的解释

教练帮助客户看到自己拥有资源、能力、价值、资格、梦想，同时相信自己有能力实现梦想，有资格成为自己想成为的人。

资源：每个人都是有资源的。不仅指外在环境中的资源，更重要的是内在富有创造力的资源。一切资源、一切可能性都已经准备好了，等待着我们去发现，没有什么资源是被我们创造出来的。出现我们现状中的问题或挑战，都是因为断开了和资源的联结，只需要恢复客户和他们的资源之间的联结，客户就会呈现本自具足、充满选择的状态。

能力：每个人都是有能力的。教练相信客户是有能力的，客户永远有能力自己做出更好的选择。每个人都是问题的创造者，也是问题的终结者，教练永远相信客户有能力做出更好的选择。我的一位教练客户曾说过："与其让他们认为我没能力，不如让他们觉得我不努力。"如果一个人表现出无能为力状态，则从表面上来看是没有了行动的能力，其本质却是因为自己的能力没有被看见。古圣先贤不断提醒我们"人先天具足"。释迦牟尼说过："我做的只是去掉人们思想里的枷锁。"教练只需要引导客户看到自我内在的"明德"。

价值：每个人都是有价值的。每个人都是独一无二且不可替代的，每个人都是有价值的。一个人一旦失去了价值感，也就会失去存在的意义，因此"我是有价值的"这个信念对每个人都非常重要。教练通过对话支持客户看见自己内心真正的需求与渴望，探索自己认为真正重要的事情，感知通过自己的努力即将生成的各种可能性，从而提升客户的自我价值感。通常做自己认为真正重要的事情能够带来更高的价值感。

资格：每个人都是有资格的。资格感表现为人与人之间的平等，拥有更高大的自尊。一个有资格感的人不畏惧权威，在挑战面前会表现出自主和自行负责的精神。反之，那些认为自己没有资格的人，会无意识地逃避、推诿责任。在教练的信念中，每个人都是有资格的，这份资格与生俱来，不需要任何人赋予。教练一个人自主和自行负责的精神，是教练重要的目标之一。

梦想：每个人都是有梦想的。人不能没有梦想，无论是孩子还是老人，没有了梦想，就没有了生活的激情。没有梦想的人不知道自己究竟为什么活着，不知道学习和工作的目的是什么，这样的人能量匮乏，不管做什么都会很辛苦。如果一个人每天都在忙碌着实现别人的想法，没有被允许为自己的梦想努力，久而久之，这个人就失去了所有的动力，陷入空洞、迷茫的无力感之中。教练一个人就是教练他的梦想。一个有梦想的人会自带光芒，不怕困难和失败，有用不完的热情和动力。

每个人都有能力实现自己的梦想：每个人都有能力实现自己的梦想，也只能通过自己的努力实现自己的梦想。教练持有这个信念，能够唤醒客户对实现自己梦想的信任，从而激发客户更大的潜能。

每个人都有资格成为自己想成为的人：每个人内心最渴望的就是成为自己想成为的人。教练就是赋能客户拿回自主的权利，成为自己想成为的人。我们能够给予他人最美好的祝福，就是让他们做自己、成为自己。

教练坚信每个人都有能力实现自己的梦想，每个人都有资格成为自己想成为的人。教练对客户的信任甚至远远超越客户对自己的信任，这份信任会让客户重新建立对自己的信任。

教练的内在状态

相对于教练能力的学习与掌握，教练的内在状态更值得重视。教练所倡导的内在状态为人与人之间的对话提供了最重要的支持，这是成为一名合格的教练的先决条件，也是教练一生的修炼。提及教练的内在状态，我个人最喜欢的就是"平静的湖面"的隐喻，教练就是客户观察自己的"湖面"，浑浊的湖水、湖面的涟漪都会让客户无法看到真实的自己，教练的内心要做到无比纯净、平静。

随着人类集体自我意识的苏醒，越来越多的人意识到自我内在状态的重要性，开始走上自我内在觉醒的修行之路。许多人通过练习瑜伽、冥想、打坐等，创建自我的内在状态。还有许多人选择去寺庙禅修、闭关，花大量的时间独处与自我反观，以达到内在纯净和平静的状态。教练的修炼就在随时随地发生的对话之中，每一次对话都会支持教练回归自我内在的平静。教练最好的状态就是"教练生活化、生活教练化"。

教练用自我美好的内在状态助力他人生活成功。

在对话中，教练需要保持全然无我的状态，任何自我的念头升起，都会使教练错过客户的想法，令整个教练对话失去创造力。教练需要成为一个"空"的空间，支持客户在其中开展对自我的探索。目前对于教练内在状态探索的系统理论很少，"4C 团队教练"基于自身的实践，同时借用古人的智慧，把教练的内在状态总结为"无我"。

对应脑、心、腹"三器"的打开，"无我"具体表现为无知、无欲、无惧、无为。在《道德经》中，老子用"婴儿"与"水"来隐喻这四种状态。

无我，方能利他

教练需要有一颗纯粹的利他之心，做到全然无我，化身于支持客户的场域环境之中。在这个场域环境中，客户被允许最大限度地做自己，被允许感受自己的感受，谈论自己的需求与渴望，充分展示自己的想法，探寻对自己真正重要的东西。

只有在无我的状态下，教练才能听从客户的指引，去到客户渴望去到的地方，探索客户想探索的领域。如果客户渴望认识自我，教练就会化身为平静的湖面，全然支持客户看见更加清晰、完整的自我；如果客户需要资源的支持，教练就会成为接引资源的管道，为客户建立与更多资源之间的联结。

无我的确是一种很高的境界，但并非不可能达到，我们每个人都体验过那种物我两忘的境界。例如，听睡前故事、看动画片，欣赏一部引人入胜的电影，参与一次冒险的极限挑战等，都很容易让我们进入勿我两忘的状态。可是在纷繁复杂的日常生活中，要让无我成为一种常态非常难，只有当内在进入极致安宁与放松的状态时，我们才可能进入无我的状态。一旦我们感受到压力和不安全，"我"就会马上跳出来，这是所有人都有的自我保护机制。作为一名教练，需要在每次开启对话之前，让自我回归到内心的纯净与平静，一次次调整自我的状态，全然投入对话。教练状态的形成是一个循序渐进的过程，需要时间、耐心及大量的自我修炼。每次对话都会帮助教练提升无我的状态，与人对话的场域空间就是教练修炼自我内在状态的道场。

教练无我利他的状态，会给客户带来人与人之间最美好的体验。

无我的四种具体表现

无知：放下已知，走出"我知道"的陷阱，对客户的一切保持孩童般的好奇。教练没有了自己的"知"，才能听见客户的"知"。

无欲：放下自我内心"我想要"的想法，回归到成就客户"想要的"的初心。教练没有自我的"欲"，才能感知到客户的"欲"。

无惧：所有的对话都充满了变化与无限可能，教练需要放下"成败"的念头，把自我全然交给当下。教练放下自我的"惧"，才能支持客户在探索自我的旅程中更加富有冒险精神。

无为：为无为之为，顺势而为，一切都顺应"道"，自然而然地发生。

教练状态一览表如表 5-1 所示。

表 5-1　教练状态一览表

三　　　器	四　　　无	打 开 三 器	成　　　果
脑	无知	认知打开	突破认知的边界
心	无欲	感知打开	突破感知的边界
腹	无惧	觉知打开	突破信念的边界
（手）	无为	知行合一	持续进化

团队教练状态如图 5-1 所示。

图 5-1　团队教练状态

无知：无知方能问

教练首先要能够放下已知的判断，不被自己头脑中的想法所制约，带着好奇的状态去探索。在整个对话过程中，教练始终保持无知的状态，相信客户拥有自己的答案，专注于支持客户探寻自己头脑中的想法，看见自己所拥有的资源，最终帮助客户找到属于自己的问题解决之道。

困住客户的都是自己的思考，看似问题挡在了面前，实则头脑中的思考不清晰，每个人都只能通过自己的思考解决自己的问题。当教练对客户的问题有答案时，其实已经陷入了客户的问题之中。教练只有保持无知的状态，才能够问出恰到好处的问题，启发客户从不同的层面思考和观察自己，进而超越自己的已知，拥有新的选择。

最好的导师不是告知答案，而是提出问题。

无欲：无欲方能予

教练必须放下对教练成果的掌控。任何想影响和改变客户，想赋能客户的"欲"都应该放下。只要教练有引导、影响和改变客户的想法，最终都会因为无法感知客户真正想要的而让整个教练对话的效果大打折扣。教练只有放下自我的"欲"，才能成就客户的"欲"。帮助客户实现自我的"欲"，这是教练的使命。

在教练对话过程中，教练不能有自己的情感，否则教练同样会被卡住，无法支持到客户。教练哪怕有一点点情感的涟漪，都会影响整个对话的走向，错失教练客户的最佳时机。在"无欲"的状态下，教练能保持自我内心的平静，用一颗平静的心敏锐地感知客户内心的波动，从而支持客户捕捉自己内心真正的需求与渴望。

无惧：无惧方能行

大多数人都是渴望成功、害怕失败的，然而教练不可以有成败的想法。教练一旦有了成败的想法，就会把自己对教练成果的衡量标准强加在客户身上，从而失去中正的教练状态。教练需要让客户为自己探索的成果负起责任，即使客户感觉收获不大，也不代表教练失败。每个人的认知能力、学习模式都不一样，没有一个统一的标准来衡量。

每个人都有对失败的天然恐惧，都会努力保护自己免遭失败的打击。这会让我们继续停留在熟知的领域，失去从失败中学习的机会。教练必须放下对教练成果的担忧和恐惧，建立对客户无条件的信任。

无惧的教练能提出更富有挑战性的问题，唤醒客户自我探索的勇气，为客户创造更大的可能性，赋能客户走出自我设限。

无为：无为方能为

"无为"并不是指教练真的什么都不做，而是顺势而为，顺应规律而为，这里的"无为"是毫不用力的意思。为什么教练不能用力呢？因为但凡用力的事情都违背了规律，规律自然而然地发生作用，改变着一切，只有那些顺应规律的改变才会发生，所有违背规律的努力，最终都会被规律抹掉。

推必然会带来反推的力量，可见用力非但不能给客户赋能，反而会带来客户能量的消耗，甚至让教练过程无功而返。教练要释放出客户的自主性，就需要放下推动的力量，专注于赋能客户提升"势"，"势"会自然而然地转化为行动。只有当客户自身的"势"提升了，形成主动的行动时，客户才真的实现了自我超越。

在整个教练过程中，教练好像什么也没有做，只是化身为支持客户自我探索的场域环境，成为客户联结一切的资源和能量的管道，不留下任何自己的痕迹。教练让客户通过自己的努力拿到想要的成果，所有的功劳都属于客户，这会让客户看到一个更好的自己，而教练只是陪伴客户探索，做客户神奇的自我蜕变之旅的见证者。

第 6 章

团队教练

4C团队教练.

团队教练是要从根本上帮助这个团队的土壤发生改变的。

早期，教练仅运用于个人成长领域，主要集中在支持职场高管实现自我认知突破和领导力提升上。后来，因为教练在个人成长、效能提升方面表现卓越，很快获得广泛关注。直到和商业发展深度结合之后，团队教练才获得了长足的进步。如今，团队教练在商业组织中的应用日益广泛，无论是在组织领导力提升、绩效目标达成、团队潜力激发，还是在组织文化转型、变革与创新等方面，团队教练都显示出了无可比拟的优势。

然而，相比教练个人，教练一个团队的难度更大，也更加复杂。人员一多，想法和声音必然很多。如何在众多的声音中梳理出有价值的信息？如何支持团队成员集体超越原有的思考和认知水平？这对团队教练提出了更高的要求。团队教练具备个人教练无法比拟的优势——团队的资源更丰富，拥有更多选择和可能性。因此，教练一个团队也更富有创造力。虽然，团队教练遵循了职业教练的基本原则，可在具体的能力和执行方式上还是有很多独特性，因此，我们需要重新定义团队教练。

团队教练的定义

团队教练是构建场域环境与对话流程的专家。团队教练的核心使命是创造一个场域环境（环境+情景），以支持团队成员共创集体渴望的成功。

团队教练致力于用对话支持团队集体经由向内探索，突破原有的保护模式，形成全新的联结模式。通过转变团队成员的语言、行为和思维，促进团队成员之间合作模式的持续优化，实现团队更大的潜能和潜力。

核心能力：通过贯穿不同深度的对话，促使集体的关注力实现转变与聚焦的能力。

团队教练核心能力的具体表现

- 用高质量的对话构建一个安全、自由且有温度的场域环境。
- 支持团队成员开展贯穿不同深度的对话。
- 实现团队成员对话模式的转变。
- 释放团队成员内在的勇气，形成团队的"势"。
- 共创团队集体渴望的成功。

"4C 团队教练"支持团队向外到达自我系统的边缘，感受外部世界正在发生的改变所带来的拉力，向内到达集体内在创造力的源头，感受自我尚未实现的最大可能性。团队教练是一个支持团队向内探索，向外成长的过程，是团队集体外在改变与内在成长合一的旅程。相对于个人教练，团队教练无论是在方式、方法上还是在最终结果上，都具有更大的创造空间。

团队教练把整个团队视作一个有机的整体，支持团队观察自我、认识自我、超越自我，唤醒团队集体意识，帮助团队集体从无意识向有意识转变，强化团队的完整性，支持团队成员从更加完整的视角去观察团队，看见那些原本就存在却恰恰被忽略的资源、能力、价值、情感、需求和渴望，创造出能够赋能团队集体成长的场域环境，激发团队成员之间的共鸣与共振，重新整合过去与未来、内在与外在、思考与行动的关系。

团队教练的使命是支持团队成功，这里的成功包含达成目标和自我成长两部分。"4C 团队教练"紧紧围绕这两部分，发展出了自我完整且独特的核心理念、能力体系与基本原则。

"4C 团队教练"的核心理念

我们能够看到以各种形式存在的教练，不同的教练形式都有各自的核心理念，聚焦的点也各不相同。通过大量实践，"4C 团队教练"形成了自己的核心理念——赋能团队"势"的提升。围绕"4C 团队教练"的核心理念开展工作，不仅能够提升单次教练的效能，还能够保证教练效果的持续。

作为一个独立的教练体系，"4C 团队教练"强调教练所有工作的核心都是赋能团队"势"的提升，一个团队有了"势"，就能够赢得想要的胜利。

反观企业发展过程中所做的各种探索与尝试，无论是目标管理、绩效管理、激励措施、OKR（目标与关键成果法）、KPI（关键绩效指标），还是方兴未艾的数字化，其根本意图都是赋能团队"势"的提升。为了赋能团队，企业还纷纷成立自己的内部赋能中心。最近几年，很多企业把 HR 部门改编成员工体验部，旨在通过强化对员工个人状态的重视，做到更好地为团队赋能。然而，许多通过外在能量输入来赋能的方式无疑是拆东墙补西墙，非但无法提升整体的效能，反而因为加入了更多环节而变得臃肿不堪。因为工作原因，我接触了许多领导者以及业务支持部门的工作者，他们认为自己的工作缺乏创造力，每天忙碌于同样的事情，日复一日的重复令他们中的许多人都开始怀疑自己工作的价值。在和他们的交流中，能感受到集体深深的无力感。如果不能从根本上改变整体的运作状态，而是不断通过外力赋能来推动，只会给整体带来更大的压力，使内在形成更大的张力。这些都是在强化整体的割裂。

团队的"势"是团队成功的重要因素，可是这个因素难以衡量，我们往往只能凭借自己的感觉，给出一个非常主观的判断。如果我们无法把"势"准确地定义出来，那么就必须找到形成"势"的因素——提升"势"的着力点。为此，我访谈了许多企业负责人和高管。随着信息的不断叠加，我发现那些遇到挑战的团队大多缺乏信息与情感交流，而那些高效的团队在信息和情感交流方面非常顺畅。于是我有了一个非常大胆的假设——**团队内部信息与情感的流动就是团队的内在能量来源**。在这个基本的假设之下，团队教练的工作一下子变得清晰起来，我们不再需要了解团队能量不高的原因是什么，或者如何解决团队目前面临的挑战，而是将所有的关注力放在如何促动团队内在信息和情感的流动上。

信息和情感携带着能量，信息和情感的流动就是能量的流动。能量本身没有价值，只有流动的能量才能创造价值。那么，怎样才能让团队中的信息和情感流动起来呢？一切流动都需要管道，团队内部的信息与情感的流动管道就是人与自我、他人、场域之间的联结。

"4C 团队教练"的核心目标是创建联结，这与奥托·夏莫博士在《U 型理论》中引用的"三个割裂"不谋而合，即重新联结自我与自我、自我与他人、自我与场域。团队教练的工作围绕重新建立"三个联结"，既然割裂制造了人类集体面临的最大挑战，那么一旦形成联结，人们所面临的最大挑战就消失了。

"4C 团队教练"的基本原则

以下九项团队教练的基本原则，构成了团队教练的基本框架和边界，相信并践行这些原则，能够支持团队教练保持高度聚焦，跨越不必要的陷阱，大大提升团队教练的效能。

原则一：始终保持对人的关注

在团队教练的过程中，教练要始终保持对人的关注——除了把自己的关注力都给到每一个人，还要能够引发团队成员彼此之间的关注。关注代表着对一个人最起码的重视与尊重，每个人都需要被关注，每个人都会因为被关注而获得更大的能量。

关注表现在：讲话时能够被认真聆听、发言时不被打断、静默时被给予空间、能够被允许有情绪。

当人们能够听见、看见、感受到彼此时，也就感受到了被关注。

- 人是一切问题的根源，也是一切创造力的源头。

当我们关注人时，就能够看到一切。我们能够看到人们是如何创造了问题，也能看到每个人尚未施展出来的创造力。关注人就关注到了问题的根源，也关注到了创造力的源头，这样才能够从根源上让问题得到解决，从源头上释放创造力。

- 开启新的可能性，而非改变团队。

无论环境多么不尽如人意，可能性永远存在。教练要引领团队成员把关注力聚焦于"还有哪些新的可能性？"而非"究竟哪里出了问题？"如果你想改变团队，那么你就是在和一个团队对抗，获胜的概率几乎是零。如果你能帮助团队看到新的可能性，那么整个团队都会改变——变得更积极主动。

- 每个人都值得被关注。

教练从内心深处认为每个人都很了不起，用欣赏一个了不起的大人物的眼光关注每个人，这会让所有人都感受到自己很重要。在每个人的内在，永远都有一个更好的自己在渴望着被关注，每个人都值得被关注。

原则二：永远朝向未来

团队教练的意图是支持团队开启更好的未来，这也是客户聘请教练的意图。然而，人们的思维很容易回到过去，一不留神就会陷入过去的问题之中，开始思考如何解决问题，这非但无法解决问题，还会让所有人都又一次被卡住。

团队教练的对话永远朝向未来，引领团队成员与未来对话，探索为了未来的生活环境更加美好，我们可以一起做些什么。

朝向未来的探索更有能量。

- 未来代表着全新的可能性。

未来的一切都是未知的，是不确定性，也是可能性。探索未来就意味着开启全新的可能性。

- 未来只会出现在充满热情的想象和谈论之中。

没有人能够知道未来的模样，更没有人能够迈入到未来。然而，团队不能没有未来，团队需要未来指引前进的方向，只有热情的想象和谈论才能帮助团队构建未来的画面。

教练要能够引领团队开展充满热情的想象和谈论。

原则三：只创建联结

割裂制造了团队面临的所有挑战，团队内部存在的各种问题也都是割裂所导致的。教练一个团队就是帮助团队重新创建联结。

团队是由许多个体共同参与构成的有机整体，当个体不断自我强化时，整体也就逐渐割裂，走向消亡。

团队教练的本质就是创造联结。

- 与自我的联结。

教练首先要保持与自我的联结，能够清晰感知自我的状态，调整自我至全然放松、好奇的状态，让自我真正能够安住在这个当下。其次教练要能够引领团队成员适时觉察自我的状态，支持团队成员保持与自我的联结。

- 与他人的联结。

教练需要在合适的时机让团队成员表达对人的看见与感知，通过问题引发团队成员互相看见，以强化人与人之间的联结。

- 与场域的联结。

教练要能够和整体场域环境保持联结，敏锐地觉察场域环境的变化，同时也要不断引发团队成员关注和分享对整体场域环境的感知。

原则四：一切为了赋能团队"势"的提升

团队总是被赋予更大的目标，这也意味着团队必须持续自我超越，除了在能力、经验上的不断自我超越，还有能量上的超越。能力需要大量练习，经验需要经历和体验的积累，能量来自团队内部信息与情感的流动。

士气高昂的团队会表现得势不可挡，能够知难而上不畏惧失败，勇于挑战更高的目标。这样的团队往往能够释放内在的潜能，发挥出更大的创造力，完成看似不可能完成的任务。

能量低的团队往往是四面楚歌、举步维艰。

教练所有的语言、行为和思维都要围绕着如何赋能团队，所有可能让团队能量流失的事情都尽量避免。

- 赋能就是能量的流动。

团队的赋能来自团队成员互相之间的能量流动，教练需要敏锐地感知团队的能量状态，通过看见或富有创造力的问题，开启团队成员内在的能量，让能量流动起来。如果团队的能量很低，而教练的能量很高，这并不能赋能团队，相反只会让团队因为感受不到能量上的同频，更加难以行动起来。

原则五：保持对话的自然流动

在教练团队的过程中，教练需要放下自己对对话的引导，让对话流动起来，允许一切自然而然地发生。话题会随着团队成员的探索去到该去的地方。教练需要给予团队适时的反馈，让团队成员能够看到话题的进展，并决定接下来探索的方向。例如，教练可以这样反馈："我能够感觉到现在这个话题引发了大家的好奇。""我感觉到团队中就这个问题产生了不同的看法。""我感觉到团队中有种情绪正在形成。""我感觉到我们现在面临一个共同的挑战。""接下来我们要去往哪里？""接下来我们可以做些什么？""让我们大家一起来感知一下，什么正在发生？"

- 团队教练带领流程，而非引导对话。

如果对话陷入纠结，就让团队成员在纠结中停留一会儿，只要教练相信流程且富有耐心地陪伴，他们很快就能够从纠结中找到前行的路。如果团队陷入了一种情绪，就去陪伴和觉察这种情绪。团队成员有了充分的感受之后，必然会做出新的决定。团队的对话会自动且顺畅地转向。教练需要通过教练的过程让团队意识到自身所具备的这种能力。在这之后，团队成员面对对话中的挑战，就会更加游刃有余。

- 对话流动能量流动。

能量的流动是不以人的意志为转移的，要想让团队中的能量流动起来，就需要让对话自然流动，让人们有感而发，自然而然地表达。团队教练的目的首先是能量流动，流动的能量提升团队集体的能量状态，解决问题只是团队能量提升到一定的高度时的必然结果。

自然流动意味着没有人为的介入，教练不可以介入到对话中，教练的责任是能够让每一场对话得到有效执行。

原则六：始终保持"信"

教练过程中，无论遇到什么样的状况，教练都要始终保持"信"。教练的"信"不是依据客户的能力、经验或自我的感受，而是教练选择的一种内在状态，我们把这叫"信"叫作"无条件的信"。

"无条件的信"会让教练拥有神奇的魔力。

- 始终相信客户。

相信客户有资源、有能力、有价值、有资格、有梦想，相信客户有能力实现自己的梦想，相信客户有资格成为自己想成的人。

教练对客户是如此的相信，以至于客户都开始怀疑之前对自己的看法，客户会忍不住想"看来我没自己想象得那么糟糕"。

- 始终相信教练的价值。

无论现在的教练水平如何，也无论这一次教练的感受如何，教练都应该始终相信教练的价值。

- 始终相信流程。

教练流程是大量教练实践的智慧结晶，是富有创造力的过程。在教练流程的指引下，教练能更容易摆脱自身的思维惯性，很好地保证教练过程的完整性。

原则七：直接表达发现与觉察

在教练对话中，教练要能够直接表达自己的发现与觉察，这往往会给客户带来观察自我的全新视角，为客户打开观察自我的盲区。

发现与觉察不同于头脑中的观点与看法：发现通常来自对客户言谈举止的观察，是可以听到与看到的部分；觉察来自教练对自我和客户内在状态感知，是看不见的部分，通常针对客户的能量状态的变化。

教练不可以表达自己的观点与看法，却需要能够第一时间直接表达自己的发现与觉察。

- 直接表达发现。

我发现你一直在强调"意义"。

我发现你说这段话时，所有人都笑了。

我发现你说到……时，突然停了下来，仿佛若有所思。

- 直接表达觉察。

我此刻似乎觉得我们的对话有些沉重。

我觉察到所有人的状态轻松起来，发生了什么？

我觉察到团队内部正在发生着变化，大家感受到什么？

原则八：从行动中成长/知行合一

首先，我们要清楚学习和成长之间的区别：学习是积累知识，为了在方法和工具的层面拥有更多的选择。成长是从知道到做到——将方法和工具转化成自身能力。成长的目标是面对生活中各种具体的场景，灵活而富有选择——有能力。

教练的目标是促进客户成长，然而成长是一个循序渐进的过程，不可能通过一次对话或者行动就能实现。教练支持客户把自己的所学、所知运用到具体的行动中，陪伴客户从每一次行动中获取有效的反馈，并在第一时间，调整自己接下来的行动方向和方式，直至帮助客户突破行为和思维上的惯性。

无论多么完美的规划，都还只是在自己的头脑里打转，只会带来头脑的自我强化。对于未知，我们的头脑一无所知，头脑没办法进入到未知之中，除非有了行动的帮助。

● 全新的行动。

停止那些不断重复的行动，重复旧行动无法带来新体验，既不能为我们带来新的认知，也不可能创造新现实。全新的行动指的并非那些我们之前从未采取过的行动方式，或者探索之前从未探索过的领域。即使做之前做过的事情，重复之前的行为，当我们带着觉察与觉知的状态，基于当下的感知行动时，我们就不再依据头脑中的经验，摆脱固有经验之后的行动就是新行动。

● 快速行动，快速失败。

奥托·夏莫在《U 型理论》中提出原型实践的概念，他强调应对环境快速变化的有效方式是快速行动、快速失败。准备好了再行动，无论是在犯错成本还是时间成本上都会带来很大的挑战，这让决策和行动都变得很艰难。教练支持客户快速行动、快速失败，以最小的试错成本和时间代价为自己赢得最大的反思和成长。

● 知行合一。

让知与行在变动中完美统一。

原则九：场域生成一切

教练通过对话加强团队成员之间、团队成员与场域环境之间的联结，带来场域环境的改变。场域环境（土壤）的质量是一种无形的力量，影响着场域中的一切，决定了团队教练的成果。

场域环境没有改变，即使表面上做出调整，用不了多久，一切又会回到本来的样子，教练一支团队首先是教练团队场域环境的改变。

对话生成场域，场域生成一切。

"4C 团队教练"的核心能力

能力一：管理客户意图与边界

定义：清楚客户面对的问题和挑战，探寻客户期望通过教练过程所达成的目标及目标背后的真实意图，并对实现共同目标、意图所需要的环境、资源、时间、费用及最终成果的衡量标准进行确认。

（1）邀请团队领导描述团队目前所面临的问题及问题背后的挑战。

（2）探寻团队领导对这些问题和挑战的看法。

（3）聆听团队领导对如何突破这些问题和挑战的思考。

（4）支持团队领导进一步清晰本次及长期采用教练方式对团队进行支持的意图。

（5）与团队领导、项目负责人共创团队教练的执行流程，就执行的场景、谈论的内容、所需要的资源及各种可能的突发事件进行交流，直至对整个执行细节达成一致。

（6）与团队领导、项目负责人共同确认团队教练交付成果及衡量标准。

（7）签署包含以上内容的短期、长期教练合作合约。

能力二：构建对话的场域环境

定义：场域=环境+情景。情景=对话的方式+对话的内容。对话生成场域，场域生成一切。

（1）重视物理场域环境的影响力，尽可能远离工作场景，亲近自然。

（2）在场域环境的内部布置上，尽可能创造自然、放松、温暖的氛围，突破传统的布置方式，精心的准备会给参与者带来感动和惊喜。

（3）教练需要关注参与者所关注的话题，运用参与者习惯的语言和表达方式，展现自己的真实、真诚和勇敢。

（4）营造开放表达的氛围，欢迎所有不同的观点与看法。

（5）引发参与者之间的好奇，支持参与者互相聆听、反馈，彼此看见。鼓励参与者提出开放式问题，就大家共同感兴趣的话题做进一步探寻。

（6）鼓励参与者更多地表达感受、发现与觉察。

（7）鼓励参与者更多地谈论渴望、未来、可能性，探索自己真正想要的，以及什么是真正重要的。

（8）教练始终保持与整个场域同在，全然当下，感知场域中能量的转换，并适时促进参与者与场域中的能量保持同频。

（9）面对任何状况，教练始终保持打开的、接纳的、允许的、无所畏惧的状态。

能力三：促动集体的发现与觉察

定义：支持团队集体把无意识意识化，通过有意识地观察团队的语言、行为和思维，创建对自我、他人、团队及现状的全新发现和觉察。

（1）团队教练是一面镜子，参与者能够通过这面镜子对团队有更多发现，对自我产生更深刻的发现与觉察。

（2）参与者之间互为镜子，从彼此的分享中得到全新的发现与觉察。

（3）促动参与者停止以自我为中心的分析与思考，把更多的关注力放在当下正在发生的事情上。

（4）更多地支持参与者表达自己听见、看见、感受到了什么。

（5）每次集体对话结束，都带领参与者探索全新的发现与觉察。

（6）邀请参与者表达其对整个集体的看见、新的发现，以及这一切给其带来的全新的发现与觉察。

（7）邀请参与者站在旁观者的视角观察整个集体，并把自己的发现与觉察分享给集体。

（8）创造集体的静默空间，通过静默支持集体在更深的层面产生联结与同频，创建更深刻的发现与觉察。

（9）适时引领参与者感知彼此之间的关系、场域环境的变化，创建自我与自我、自我与他人、自我与场域之间的联结，引发参与者觉察联结所带来的整个集体的变化。

能力四：积极地聆听、反馈与提问

定义：这是团队教练需要具备的基本能力，是团队教练有效性的基本保障。

（1）教练需要自始至终保持积极的心态与姿态，这种姿态不仅能够让教练自身保持高度警觉与敏锐的觉察，还会为整个场域环境提供积极的能量支持。

（2）教练在聆听中保持积极的心态与姿态。

（3）聆听对话中积极的声音，聆听对话中的意图与渴望。

（4）聆听对话中没有被清晰地表达出来的意图。

（5）教练的反馈应能体现积极的心态与姿态。

（6）反馈对话中的意图、渴望与话外音。

（7）反馈教练所感受到的积极的能量。

（8）教练的提问应能体现积极的心态与姿态。

（9）提出能够引发参与者更开放地思考与探索更多可能性的问题。

（10）提出更加富有创造性与挑战性的问题，引发参与者对自我更深刻的观察与认识。

（11）提出能够引领参与者突破自我的认知、感知与觉知的问题，支持参与者实现对自我的超越。

能力五：创建深度联结

定义：在教练领域，联结指听到、看到、感受到，团队最大的挑战来自割裂，联结能够解决团队面临的挑战，团队教练只创造联结。

（1）支持参与者彼此听见、看见与感受到。

（2）适时邀请参与者互相表达对彼此的听见、看见与感受。

（3）邀请参与者表达被听见、看见与感受到所带来的感受和意义。

（4）引导参与者表达自我的需求与渴望，聆听他人的需求与渴望。

（5）支持参与者觉察由对话带来的自己、他人与场域之间关系的变化。

（6）支持集体对话从保护模式转换到联结模式。

（7）形成利益共同体。

能力六：引发深度对话

定义：教练的对话总体上分为四个层次，即观点、事实、情感、未来，分别对应空谈、争论、同在和生成式对话。越是在更深层面进行对话，所带来的洞见越深刻，形成的影响力也越持久。

（1）谈论表面可见的问题、现象，以便轻松地开启对话。

（2）邀请参与者分享自己对问题与现象的看法，增进彼此之间的了解与理解。

（3）邀请参与者分享对彼此的看见，增进人与人之间的联结。

（4）通过支持参与者分享意图与渴望，释放出他们内在的热情与动力，提升整体的"势"。

（5）通过生成式对话，共创未来全新的可能性。

（6）通过促动参与者参与具有更大可能性的对话，带来更大的觉知，突破自我固有的信念系统，形成持久的改变。

能力七：重新定义一切

定义：我们通过定义创建对这个世界的认知与思考，一切都处在不断变化之中，因此定义也需要不断更新。每次对话都是在重新定义一切。

（1）重新定义现状，提出全新的现实。

（2）重新定义自我，增进对自我的接纳，创建自我与自我的联结。

（3）重新定义他人，增进对他人的接纳，创建自我与他人的联结。

（4）重新定义场域，增进对场域的接纳，创建自我与场域的联结。

（5）重新定义团队，形成全新的团队。

（6）重新定义目标，明确目标的价值与意义。

（7）重新定义过去与未来、内在与外在、思考与行动之间的关系，形成知行合一的学习与成长模式。

能力八：开启生成式对话

定义：未来与潜力属于未知的部分，只有建立在彼此开放与联结基础上的对话才能够开启未知。对话能够把未知的部分存储为潜意识中的已知，我们把那种从未知中生成未来的图像与可能性的谈话称为生成式对话。

（1）生成式对话是探索未来、未知、潜能与潜力的对话。

（2）支持参与者思考有什么是自己之前从未思考过、从未探索过的。

（3）支持参与者看到全新的可能性。

（4）支持参与者设定超越自我的目标。

（5）与参与者共创全新的行动计划。

能力九：赋能行动

定义：行动中的人没有困难，知行合一。我们需要通过持续的行动实现自我成长、实现目标，这需要持续的能量支持。

（1）明确成功的画面，能够赋能行动。

（2）坚定对成功的信念可以带来持续的能量。

（3）明确行动对成就未来愿景、实现自我成长的意义。

（4）行动的细节越清晰，行动越容易。

（5）明确参与者对行动过程中遇到阻碍、挑战与失败的可能性的看法。

（6）引发行动过程中参与者彼此的看见与认可。

（7）定期复盘，总结成长与收获。

（8）教练持续保持对参与者的关注、陪伴与支持。

在每一次团队教练过程中，这九项能力都会被运用到，团队教练需要能够熟练运用这九项能力。我还建议教练首先熟悉与掌握作为职业教练的八项核心能力，这是团队教练能力提升的基础。

Part 3　Return to a
Holistic View

第 3 部分

回归整体观

整体完整且不可分割，看见整体就是智慧。

所有的一切都在努力成为自我，整体也不例外。

　　整体是"本"，局部是"末"，局部的现象或问题都是整体运作的产物，只在局部上下功夫，就是舍本逐末。整体是"因"，局部是"果"，局部的问题需要回到整体中寻找答案，清楚事物发展的前因后果，"因"上努力，"果"上随缘，这才是顺应规律的做法。

　　事物的本质和规律都隐藏在整体中，局部运作的规律只能在整体中被发现。如果能够看到更大的整体，就拥有了洞悉事物本质与规律的智慧。整体的改变有自身的规律，一个整体的改变规律只有被放到另一个更大的整体中才能够被发现。

　　整体观同时包含整体和局部的视角，既不过度强调整体，也不陷入局部现象，片面强调整体或者局部的视角都不是整体观。整体观强调关系是全息的，整体决定局部的表现，从局部的表现中也能透视整体的状态，局部的现象是整体运作的缩影。如果我们只关注局部，就会割裂事实，让我们看不见更大的真相，最终只能被局部现象所困。尝试把问题独立出来解决的思考方式，本身就是在制造割裂，这是制造问题的思维，是问题无法得到有效解决的原因。

　　整体完整且不可分割，看见整体就是智慧。

第 7 章

关于整体观

系统的整体观

从小草到地球，从太阳系到整个浩瀚的宇宙，一切事物的存在都是系统作用的结果。"系统"是一个外来词，是英文 system 的音译，可以理解为不同部分相互作用形成的具备某些具体功能的整体，如自然系统、社会系统、管理系统等。系统又可以分为自然形成的系统、人为形成的系统两种。

所有的系统都有一个特性，那就是自我强化——系统倾向于维持自我原本的稳定性。一个系统不断自我强化的过程，形成了整体的割裂，进而形成了孤立的系统。每个人本身都是一个独立的系统，其运作方式也是以自我为中心的。如果团队成员以自我为中心，人与人之间的联结断开，人就成了孤立的系统。人与人之间的信息与情感无法流动，无法互相赋能，就会让整体因缺乏能量而加速消亡。

系统之外总有一个更大的系统

人类历史上许多伟大的科学家终其一生都在探索宇宙的奥秘——是什么让我们现在所处的系统如此复杂却又如此精准地运作。随着探索的不断深入，每个人都会走到自我所在系统的边界，他们必须进入下一个更大的系统，才能解释自身所在系统的运作方式。然而，在系统之外，总有一个更大的系统，没有任何一个人能够进入那个最大的系统，最终只能把这个复杂而庞大的系统的运作归结为有一只看不见的"上帝之手"在操纵。上帝指的就是另一个更大的系统，是一个不为我们所知的系统，因为不为所知，所以很神秘，用"上帝"来描述再恰当不过了。当然，最大的系统肯定是"道"——事物自身的发展规律。所有的规律原本就存在于那里，没有任何规律是被发明出来的，所有的规律都只能首先被我们看见，然后才能为我们所用。

系统的整体观强调系统之外总有一个更大的系统，所有的系统都是更大系统的一部分，每个系统都在影响着其他系统，同时也被其他系统影响。我们生活在地球上，可是我们完全感知不到"坐地日行八万里"。我们置身在系统中，就看不见系统运作的方式。系统本身正是系统改变的最大障碍，任何一个系统的变化都不可能单独在某个局部发生，局部的变化只是暂时的现象，真正的改变必定发生在更大的系统之中。除非能够看见整个系统的运作方式，否则无法改变系统的运作方式。

熵增原理中所说的孤立的系统只是一个物理学上的绝对假设，在宇宙系统中，没有一个系统能够完全孤立地存在。同样，系统的任何一个部分都无法独立于系统而单独运作。我们所有的工作都依赖系统，一切都在系统中运作，都是系统创造出来的结果。系统的运作方式形成了系统中的问题，要想问题不再发生，就需要改变系统的运作方式。一个系统的运作方式由其所属的更大的系统决定，局部的问题需要回到整体中解决。一个系统的改变，需要这个系统所属的更大系统的支持。

"4C 团队教练"的三大系统

自我、他人和场域及三者形成的关系、互动方式共同构成了"4C团队教练"的完整系统。团队的改变同时在个人系统、关系系统、场域系统三个层面发生。

个人系统：从头脑到双手，打开脑、心、腹的边界，这是个人改变的系统。改变的顺序为：首先是脑（认知），接着是心（感知），最后是腹（觉知）。这三个部分构成了一个完整的系统，任何一个部分的封闭都会使变化无法发生，只有按照脑、心、腹的步骤打开"三器"，整个系统才能够开放，真正的改变才能够发生。

关系系统："4C 团队教练"的执行过程就是重塑关系的过程，过程中团队成员达成头脑的共识，创建内心的联结，释放内在的勇气，再回到头脑的层面共创，直至形成知行合一的团队。团队的关系系统是团队成员之间能量流动的通道，同样需要团队脑（认知）、心（感知）、腹（觉知）"三器"的打开。

场域系统：通过探索场域系统中的八个层次，重塑完整的场域系统。场域系统中的八个层次在场域环境的形成中分别承担着不同的作用，任何一个层面和整体场域系统的断联，都会令整个场域系统的能量无法流动，最终导致场域能量的匮乏。

教练一个团队，不仅要激活系统中不同部分的能量，更重要的是把系统的不同部分联结成为一个整体，促进系统不同部分之间的能量流动，最终支持整个系统和更大的整体发展的规律相吻合。

团队的改变包含个人系统的改变、关系系统的改变、场域系统的改变，三者只有高度同频共振，最终的改变才会发生。

团队的整体观

多人皮划艇的方向由舵手掌控，皮划艇行进的速度取决于船员的配合，如果船员没有共同的目标，没有找到共同的节奏，皮划艇就会行进缓慢，甚至可能失去动力，原地打转。在这种状况下，无论舵手怎么催促，怎么调整方向，都是徒劳的。要想驱动一条原地打转的皮划艇快速向前行进，船员首先要做的一个动作就是停下来，让皮划艇回到静止的状态，然后对准方向，达成共识，去感知内在共同的频率，当所有人的频率都一致时，这个团队就成功了。所以，一个团队的成功，究其根本不是其中的每个人都很努力，而是更加同频，集中力量。一旦行动，只需要一个声音和一种节奏，成为一个完整的整体。

团队中的每个自我都是一个独立的整体，有着独特的运作方式。自我在关系中有两种状态：一种叫作割裂状态，另一种叫作联结状态。在割裂状态下，自我断开了与外界的联结，看不见、听不见也感受不到来自外界的信息，无法理解他人的需求和渴望，感知不到场域能量的支持。在割裂的关系中，每个人都置身于人际关系的孤岛，因为与他人的断联而孤独无助，所有外在的努力都会失去意义。团队的成功首先是关系的成功，关系能够带来滋养、赋能，团队成员会因良好的关系而感受到意义和归属。

团队系统中包含自我、他人、场域三大要素，这三大要素围绕着自我进一步形成自我与自我的关系、自我与他人的关系、自我与场域的关系，这三重关系的质量决定了个体生命的质量、人与人关系的质量、场域环境的质量，最终决定了团队的能量水平和创造力水平。团队中的三重关系如图 7-1 所示。

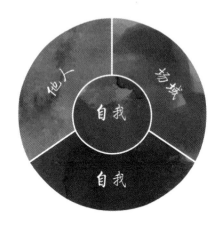

图 7-1　团队中的三重关系

自我与自我的关系是所有关系的源头，因为这个关系隐藏得比较深，所以很难被观察到。每个人都会认为很了解自我（自己），确信自己是一个什么样的人。其实这都是误解，每个人都有着不为自己所知的巨大的潜能和潜力，人永远不可能被准确地定义。一个人一旦对自己下了结论，就失去了进一步认识自己的机会。教练能够帮助一个人打开自我认知的边界，放下对自我固化的看法，重新定义自我和自我的关系。

每个人的利益都和其他人的表现及整体的成败相关，人与人之间是利益共同体的关系，人类也是一个命运共同体。在一个人与人彼此联结的系统中，个体不再孤立，能量在这样的关系中自然流动，团队成员之间彼此赋能，为整个团队带来熵减，所有人的利益都得以最大化实现。教练支持团队成员建立联结，成为一个真正的利益共同体。

场域是最大的能量源头，是可以为团队整体生命力提供滋养的土壤。一旦自我与场域建立了联结，就会获得生生不息的能量滋养，内在的生命力也会被深度激活。

团队中的三重关系依据人与人之间的对话所创建的联结的不同可分为四种：没有关系、对立关系、利益共同体关系、共生关系。不同的关系决定了人们不同的合作模式——保护模式和联结模式。

领导力的整体观

一直以来，领导力都是人类社会最重要的生产力之一。随着社会生产方式的变化，领导力也在不断变革，不断被重新定义。从神化到权力的世袭，到权威的出现，再到影响力与能力受到推崇，人类社会发展与进化的历史，就是一部领导力发展与进化的历史。今天的领导力正在完成从权力到人性的进化，从外部驱动、目标驱动的领导模式，向内部驱动的领导模式转变。

如今，单纯外在物质目标的激励已经难以奏效，没有人能够仅凭一己之力驱动整个组织，领导者需要同时关注物质（目标达成）、精神（自我实现）、能量（势）三个层面。今天的领导者要获得成功，对企业的成功来说，这三个层面缺一不可。在能量层面赋能团队的"势"，形成更加高大的团队自我形象；在精神层面赋能团队成员的自我实现，实现精神层面的满足；在物质层面赋能目标达成，实现物质层面的成功。

领导者需要将自我的领导力模式扩展到整体层面，需要具备同时赋能这三个层面的能力，将整个组织凝聚成一个有机的生命体，让组织重新焕发整体的生命力，这是领导力的整体观，如图 7-2 所示。

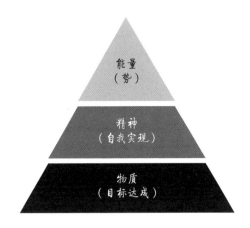

图 7-2　领导力的整体观

每次领导力变革都会带来人类集体合作模式的深刻变化，也会带来人类集体意识的一次进化。随着人类集体意识的不断升级，领导力也逐步完成了外在与内在、物质与精神、个体与整体的重新整合，这种整合带来的是领导力的系统性颠覆。以个体能力为中心的领导力时代将一去不复返，取而代之的是整体领导力。

整体领导力

Who+Leadership=Wholeadership=Whole+Leadership

整体领导力的定义

整体领导力指把组织视为一个完整的整体，通过对话引领整体，透过更加完整的视角观察整体，唤醒整体的感知力和生命力，从物质、精神、能量三个层面同时进行领导的能力。

引领对话是领导者最核心的能力，也是领导者最重要的工作。

对于未来的领导力，Wholeadership 这个奇妙的单词提出了问题：

Who——领导力的主角是谁？同时给出了答案："Whole——整体"。领导力是个体真正联结形成整体之后所生成的力量，我把这种领导力称为"整体领导力"，把这个由整体所开启的全新的领导力时代叫作"后领导力时代"。

在后领导力时代，人们的整体观将得到极大的发展，大多数人都能够站在更大的整体视角观察与思考，每个人都有能力参与决策，并为自己的决策负责，不需要追随任何人，甚至不再依赖外力的驱动。领导者在带领组织获得成功的同时，必须支持个体成功，把个体自我实现与组织目标达成相结合，让个体成功和整体成功成为一个整体。领导者要始终意识到赋能他人自我实现的重要性，并为他人、社会、组织和世界的福祉服务。

领导者需要成为以身作则的典范，成为一个值得被信任与尊重的人，首先要实现自我内在生命力的觉醒，唤醒自我内在沉睡的潜能，之后才能支持他人自我生命价值的实现。相比自我意识苏醒所释放的生命力中蕴含的巨大能量，外在的力量微不足道。

后领导力时代的领导者需要做的不是引领大家一直盯着高不可攀的目标，而是能够意识到每个人都是拥有无限可能性的种子，究竟会结出什么样的果实，取决于场域（土壤）环境的质量。领导者必须能够引领所有人慢下来，用心感知整体所处的场域环境，通过改良场域环境，焕发出整体的生命力。

唤醒沉睡的生命力

种子置身于干燥的空气中，它的生命力就会沉睡在坚硬的果壳之中。一旦被植入泥土，遇见合适的温度、水分和空气，一段时间之后，种子就会自动打开自我保护的坚硬的外壳，伸展出根须和土壤联结，接收来自土壤的营养，很快枝丫就会破土而出，沐浴在阳光之中，接收来自阳光的能量，开始展现出勃勃生机。

每个人都是一颗饱含生命力的种子。只有在得到足够滋养的场域环境中，生命力的种子才会生根发芽，释放出源源不断的热情和动力。如果场域环境无法提供滋养，人们就会退缩到自我保护的坚硬外壳之中，人与人之间、人与环境之间的关系就会被割裂。一个内在生命力被激活的人，能够转化环境中的不利因素，主动且富有灵活性，不需要外力的驱动，完全自行负责，行动的动力和勇气都来自内在，这是每个企业都梦寐以求的状态，也是团队教练所专注的成果。

需求的多样性

不同植物的种子对阳光、水分、空气和营养的需求都不同，不同的人的需求是不一样的，看见并满足需求的多样性，一直是企业管理的最大课题。

持久的满足

多年前，我和一家全球顶尖广告公司的副总裁交流。他展示了公司为了满足员工需求所做的工作，其中最震撼我的是公司专门为员工设计了度假线路，每年都要设计几十条不同的路线，供不同的人选择。他说："每个人都有自己喜欢的旅行线路和旅行方式，有人喜欢繁华，有人喜欢淳朴；有人喜欢享受，有人喜欢艰苦。"最后他补充说："明年该怎么设计线路是个问题，因为已经没有什么新的选择了。同时，我们也发现只按照公司的想法为大家提供选择，很难带来持久的满足，我们必须了解大家更深层的需求是什么，然后才能给出更好的支持方案。"

企业渴望员工能够带着追求实现自我的状态工作，然而每个人的需求层次都是不一样的。在过去很长一段时间里，绝大多数人尚处在追求基本的物质需求层面，那么围绕绩效目标的激励会很有效。然而，随着人们物质需求的满足，精神需求变得越来越强烈，自我实现已经成为今天年轻人的核心需求。今天的企业领导者必须认真思考如何才能满足人们日益强烈的自我实现的需求。自我实现所带来的成就感是能够唤醒深层生命力的能量。

自我实现主要指以下两个方面。

第一，向外兑现自我的想法，让生活环境变得更美好。

第二，向内认识自我、成长自我、释放潜能、兑现自我潜力，实现自我生命价值的最大化。

参照马斯洛需求层次理论，一个层级的需求一旦得到满足，人们就会自动进入下一个层级，直到进入最高层级——自我实现。在一个层级的需求得到满足之前，人们不可能进入更高层级，从基本的生理需求、物质需求的满足到追求自我实现，中间还有归属感和被尊重两个需求层级。

归属感：人与人、人与环境的关系，主要指情感上的融入和接纳。

被尊重：人与人之间的平等，"我"是重要的，"我"是被需要的，"我"的能力、付出和价值得到了认可。

因此，要支持团队成员获得自我实现所带来的成就感，首先要满足团队成员归属感和被尊重两个层级的需求，这两个层级的需求都属于情感层面的需求，都建立在关系的基础之上，这也是重新建立自我与自我、自我与他人、自我与场域之间的联结的意义所在。

自我实现是人类最高层级的需求，每个人都在追求自我实现——成为自己想成为的人（至善、知行合一）。我们必须认识到，这是一个循序渐进的过程。

整体领导力的核心能力

- 对话的能力。
- 观察整体的能力。
- 管理关注力的能力。
- 场域塑造的能力。

后领导力时代的七个特征

- 人得到极大的尊重。

- 真实与真诚被视为最重要的品质。

- 自主与自行负责。

- 人与人之间形成极大的信任。

- 人与人之间的对话能力与系统得到极大的发展。

- 集体从无意识发展到有意识。

- 知行合一。

改变的整体观

团队的现状直接左右着团队的表现，现状中总会存在这样那样的问题。如果只处理现状中的问题，没有改变形成现状的机制，那么这些问题必然会卷土重来。问题的一再反复，不仅会消耗团队大量的能量，更严重的是会给团队内在的信任带来毁灭性的打击。现状中反复出现的问题只是在提醒我们：必须对集体的合作模式进行全面系统的升级。团队教练关注的并非显化于表面现状中的问题，而应支持团队成员进行内在探索，从源头做出调整，改变内在创造现状的机制，如此一来，现状中所呈现出来的问题自然随之改变。

改变的整体观之现状（见图 7-3）

我们所做的一切都与现状的改变和目标的达成有关，这是我们生命中最重要的两个话题，以至于我们无时无刻不在谈论着、思考着、为之努力着。

$$现状 \longrightarrow 目标$$

图 7-3　改变的整体观之现状

我们总是希望生活环境更加美好，这也是所有人成就自我的动力。达成目标是为了让现状变得更好，更好的现状又能够为目标的达成提供能量支持，如果现状令人不满，目标就会变得遥不可期，要么改变现状，要么改变目标，否则不满会持续加剧，最终只能放弃。

现状的改变有其自身的规律，不得法的努力非但不会带来改变，还会让一切变得更糟。

改变的整体观之语言、行为（见图7-4）

若想改变现状，首先要知道现状是如何形成的。

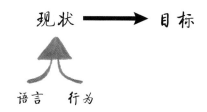

图 7-4　改变的整体观之语言、行为

团队成员用自我的语言、行为共同创造了现状，其中包含成果和问题。成果会让团队成员有获得感，受到鼓舞；问题会制造困扰，造成团队能量的损耗。如果同样的问题反复出现，团队的困扰就会不断升级，能量的损耗也会不断加剧。

要改变现状，就必须改变创造现状的语言和行为。然而，直接针对语言和行为所做的改变几乎不可能发生，因为每个人的语言和行为都被自我的思维支配着。在语言和行为层面进行矫正，是在剥夺一个人独立思考的权利，就如同强压方向盘，而无视系统内在的自动驾驶系统。

外力强压的方式只能暂时奏效，一旦撤走外力，一切就会自动恢复到正常思维的水平。而且外力的强迫注定会引发内在的张力，产生越来越多的对抗情绪，对抗会带来更大的能量内耗，形成两败俱伤的局面。显而易见，只针对语言和行为进行矫正，非但不能带来想要的改变，还会形成冲突、压抑、压力和负面情绪。

改变的整体观之思维（见图 7-5）

每个人的语言和行为都受其自我思维的掌控。

图 7-5　改变的整体观之思维

在无意识的状态下，语言、行为和思维是一个闭环系统，三者形成一个完美的循环，原因是思维本身具备自洽性，即思维本身会倾向于证明自我是正确的，实际上也没有人会用自认为错误的思维来指导自己的言行。语言引发思维，思维决定行为，语言又为行为做出合理的解释，以进一步强化自我的思维。越是有经验的人越顽固，倒也不是因为他们真的顽固不化，而是因为他们的思维被反复强化了，最终被固化得牢不可破。

至此，我们就不难理解为什么指正别人的语言和行为经常会引发强烈的冲突与不满，而纠正别人的思维又会变成无休止的说服与辩论。

来自企业高管的分享

我的老板非常有经验，在整个行业有很大的影响力，我非常尊重他，相信他分享的经验都是非常有价值的。每次和他交流，他总是耐心地告诉我应该如何思考、如何说、如何做，告诉我具体怎么处理当前面临的挑战，甚至会把他的资源分享给我。回到工作中，我知道很多事情必须处理，可是我根本记不住他具体要求我怎么做，于是我就按照自己的想法把事情给处理好了，然后我会告诉领导"事情搞定了"，通常还会加上一句："领导你太厉害了，按照你说的去做，真的特别有效。"每次，我在课堂上分享了这个故事之后，所有人都大笑了好一阵子，我想每个人都透过这个场景看到了自己。

改变的整体观之模式（见图7-6）

思维的背后还有模式在掌控。

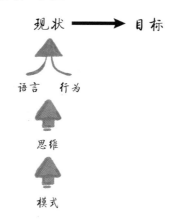

图 7-6　改变的整体观之模式

模式好比事先植入计算机的操作系统，在模式里，一切都已经被规划好，语言、行为和思维都只能按照既定的模式运行，没有任何新的可能性。可见，模式不变，思维不会改变，语言、行为不会改变，现状中的问题也就不会改变。

控制语言、行为和思维的开关是模式，我们经常会提到语言模式、行为模式、思维模式乃至心智模式，指的就是在模式的掌控下，毫无意识且不假思索地表达、分析、感知与行动。模式是一套自动驾驶系统，会自动绕过意识处理各种问题，如同条件反射一般准确高效。例如，乒乓球运动员打球时的身体动作就是无意识的模式；刚开始学骑车时，即使小心翼翼也会摔倒，直到经过大量的练习，形成了模式，就忘记了自行车；网球运动员在比赛场上会采取进攻模式或防守模式，无论是进攻还是防守，具体的执行方式都已储备在大脑和身体中，运动员不需要思考，他们会根据自己当下的感知，自动切换不同的模式。

模式不变，一切不变

许多企业在管理和领导力提升方面投入了大量的培训，最终收效却很难令人满意。在每次培训过程中，人们脑洞大开、激情四射，似乎找到了自己想要的答案，然而回归到现实之后，那种深深的无力感又会很快回来。传统的教育培训都聚焦于观念的输入，思维不会因为新的观念而改变，因为掌握思维的是模式。每个人都有这样的体验：明知道这样做是不对的，可还是这样做了；很想改变，可每次都是重复以前的方式。例如，有人读了一则很动人的亲情故事，决定回家向父母表达自己多么爱他们，可是回到家，见到父母的那一刻，想表达的话却怎么也说不出口。

改变的整体观之场域环境（见图 7-7）

一个系统的稳定性和其构成要素的数量成正比，越是复杂的系统，其本身的稳定性越高，并且总能影响系统中所有的要素向其靠拢。场域环境是系统中所有要素之间关系的综合表现，因此场域环境就成了最稳定的系统。场域环境一旦形成，就趋于稳定，影响着场域中的所有要素，直至一切都达到场域环境所在的水平——场域生成一切。

图 7-7　改变的整体观之场域环境

每个人都会依据不同的场域环境开启不同的模式，模式决定语言、行为和思维，形成现状，现状决定了我们赖以生存的场域环境。场域环境不变，现状不变；现状不变，场域环境不变，两者构成了一个完整的闭环系统，开启了自我强化的循环。现状是我们赖以生存的场域环境质量的外在表现。因此，要想改变现状，必须从改变场域环境开始。

对于场域环境的质量，我们只能去感知——感知场域的温度。

模式

模式不变，一切都不会变。

我们的固有模式悄悄地掌管着语言、行为和思维，这些模式都是过往经历的反复固化，最终成为我们无意识的一部分。模式强大且顽固，它总是以一种看不见的方式存在，隐藏在系统的深层，根植于系统的末梢神经。除非有意识地看见掌控自我的模式，否则真正的改变永远不会发生。

模式没有对错之分，每种模式都有自己的价值，我们需要模式的支持，这会让我们轻松高效地处理事情。然而，当有些模式足够强大时，就会成为优势模式，我们会无意识地使用自己的优势模式，从而陷入不断的重复之中。我们的优势模式通常是变化与创新的最大屏障，能够困住我们的是我们自己无意识的优势模式。

孩子学习新事物很容易，他们通常不会受到强大的旧模式干扰，而成年人掌握和学习新事物的难度就大得多，因为旧模式会不断跳出来掌控一切。例如，我们习惯用右手写字，要换成左手，难度会非常大，因为我们会有意无意地把写字的任务交给右手。而孩子不一样，我们只需要告诉他们用左手写字，他们就会用左手写字，因为他们本来就没有固定的模式，因此很快就能学会用左手写字。

模式完全是一种无意识的存在。

过往亲身经历的大量重复形成了模式，因此在看到模式的影响之前，我们默认自己的模式是对的。

面对现状中不断重复的问题，如果我们能够意识到是自己的模式导致的，就不会再指责外在环境，不会继续成为被动的受害者。

模式是无法被直接指出来的，因为模式总是躲在暗处，而且每个人的模式千差万别，各不相同。

模式表现为语言、行为和思维的不断重复，我们通常只能看到问题不断重复发生，却很难看到自己重复的模式。

改变模式的两个条件

第一，看见模式就是顿悟。

模式属于无意识的部分，通常我们看不到自己的模式，只有通过有意识的观察，那些隐藏起来的模式才有可能被看见，之后我们才有能力停止旧模式，自主选择新模式。

如何看见模式呢？这就需要一面能够照见模式的镜子，教练扮演的就是镜子的角色。教练能够通过大量探寻式对话，观察我们的语言、行为和思维中那些不断重复的部分，通常这都是模式在背后操控。我们一旦看见了某个模式，就建立了对这个模式的觉察，之后就不会再陷入同一个模式的陷阱里。

一个团队也有自己的集体模式，团队教练同样要成为整个团队的镜子，帮助团队看到真正的挑战来自集体模式。之后，团队就会把关注力从如何改变他人、处理问题，转换到停止旧模式，开展对新模式的刻意练习。

看见模式就是顿悟。往往只要看见旧模式，改变就开始发生了。

第二，改变场域环境，就能改变模式。

在不同的场域环境下，人们会自动开启不同的模式。

每个成年人都有很多模式，并能依据自己对场域环境的感知，自主选择开启不同的模式。场域环境的改变会引发模式的改变。例如，和小朋友在一起，我们会自动开启轻松好玩的游戏模式，和年长的权威人物在一起时，我们会表现出庄重、沉稳的一面；在一个陌生的环境里，我们会表现得很安静、谨慎，对周围的情况充满警觉，很少表达自己的真实想法，在一个熟悉的环境里，我们就会非常放松和自然，什么时候发表自己的见解，说什么，不说什么，都不需要过多地思考。也正是因为掌握了各种各样的模式，有了模式的丰富性，我们才有了灵活性。

我们只要稍不留神，就会进入旧模式设定的轨道，千万不要试图改变旧模式，和旧模式对抗，这些行为都是徒劳无益的，而且越对抗，旧模式越强大。试图以外力驱动改变，强推一种模式去消灭另一种模式，只会以失败告终。即使形成了新模式，旧模式也会继续存在。我们并不会因为学了新的东西而忘记旧的东西，在合适的环境下，旧模式还会自动重启。即使知道了自己的旧模式，我们也很难改变，因为过往经历的强化过于深刻，我们要做的是遵循模式形成的规律，专注于刻意练习，直至新的优势模式形成，旧模式也就失去了卷土重来的机会。

"4C 团队教练"把关注力的焦点放在场域环境的转变上，不需要处理现状中的问题，而是运用全新的对话形成全新的场域环境，运用全新的场域环境开启全新的模式。新模式必然会带来全新的语言、行为和思维，团队成员从这些新的语言、行为和思维中会有新的发现与觉察——看见团队中那些原本存在却被忽略的部分，带来团队成员对团队及现状看法的改变。看法的改变将带来思维的改变，思维的改变将带来语言和行为的改变，新的语言和行为将创造全新的场域环境，开启新的模式。

场域环境

对话生成场域，场域生成一切。

人类一直在与环境进行美妙的互动，努力适应环境，改变环境，同时接受环境的影响。环境的力量无处不在，无人能对抗，也无人能免于受其影响。无论如何，人都比环境渺小太多。

除了这样，还能怎样

很多年前，我听过一个故事：有一群人在烈日下除草，每个人都汗流浃背，看起来很辛苦。有路人好奇地问："你们这是在干什么？"有人回答："这里的土壤非常贫瘠，种植的农作物生长得不好，每年都会长满杂草，我们需要除去这里的杂草，每年这个时候都是这样的。"路人又好奇地问："如果土壤肥沃了会如何？"第二年夏天，当路人走过那里时，看见了一片金灿灿的麦田。

这个故事用简单的问答指出了我们的一种常态：我们总是无意识地被问题吸引，并且掉入解决问题的陷阱。问题无法在问题所在的层面得到解决，只在发现问题、解决问题的层面努力，就像不断除去地面上的杂草，问题解决了之后还会再来。如果总是重复处理同样的问题，我们慢慢地就会对问题失去耐心，对改变失去信心，最终只能任由杂草疯长。爱因斯坦说过："解决问题的思维无法解决问题。"要想让问题停止重复出现，我们首先要放下拔除杂草的思维，转而把关注力放到土壤的改善上。

我们把人们赖以生存的土壤环境叫作场域环境。

场域

场域＝环境＋情景，环境指物理空间中能够感知到的一切；情景指人们以什么样的方式谈论什么样的内容。

团队成员用自己的语言、行为和思维创造了共同的场域环境，这个场域环境反过来决定了团队成员的语言、行为和思维。同样的场域环境总会生成同样的语言、行为和思维，同样的语言、行为和思维又会不断强化同样的场域环境。

来自企业高管的分享

一位企业高管说："我最害怕开会，那个环境实在太压抑了。我们总是有开不完的会，每次我都要做很多心理建设才能在最后一刻走进会议室，通常我都是找一个靠后的位置，这样可以在实在忍不住时，出去喝一杯水，放松一下。会议实在太无聊了，说的都是一些假大空的话，都是在做表面文章，我相信没有人喜欢这样的会议，可是每个人都不得不来到会议室。我能感觉到每个人都封闭了自我，不表达自己真实的想法，宁可说一些没用的废话，打发难熬的时间。我也不知道为什么要开这样的会，难道没有人感觉这是在毫无意义地浪费宝贵的时间吗？"

长期以来形成的会议的场域环境——环境压抑，让人感觉毫无意义，浪费宝贵的时间；强化了集体模式——集体逃避，不愿参与；形成了集体对话——都是一些假大空的话。这些对话又进一步强化了会议的场域环境，整个会议的模式进入负向自我强化的循环。

场域环境决定了集体模式，集体模式决定了集体对话，集体对话进一步强化了场域环境，这就是场域环境自我强化的循环，如图 7-8 所示。

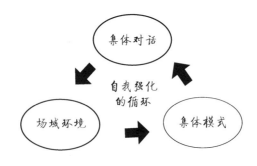

图 7-8　场域环境自我强化的循环

一个完整的场域环境包含八个层次，如表 7-1 所示。不同的层次在整个场域环境中发挥不同的作用。任何一个层次不清晰，都会形成场域环境的断层，相应的潜能、潜力就会被封闭，个体或团队的潜能、潜力都需要在不同层次的场域环境中开启。

表 7-1 场域的八个层次

层　次	内　容	适 用 方 法
结果层	现状	管理
互动层	语言、行为	管理
创造层	思维	领导
隐形层	模式	教练
联结层	需求、渴望	教练
动力层	信念、意图、角色	教练
能量层	使命、愿景、价值观	教练
固化层	过往的经历	疗愈

结果层——现状：现状是可见的部分，直接影响人们的状态和感受，是整个场域环境最终生成的结果。现状给我们带来最直接的影响，若想现状发生改变，就需要由更深层次场域环境的改变来引发。

管理通常需要保证现状中的问题得到合理的处理。

互动层——语言、行为：人们通过语言和行为进行自我与他人之间的互动，互动的质量决定了集体创造出来的场域环境的质量。我们的语言和行为能够互相赋能，也能够拿走彼此的能量；能够创建人与人之间的联结，也能够断开人与人之间的联结。

管理的目标是保证语言和行为的正确性。

创造层——思维：这里最多发生的是比较、分析、判断与综合。许多"超级大脑"聚在一起就失去了思考的能力，有时甚至连做一个简单的决定都会很辛苦，因为人们的思维是以自我为中心的，而以自我为中心必然导致对话中的冲突。团队合作首先要在思维层面进行，超越个体思维的水平是合作的根本目的。

传统领导力的目标是保证集体思维的一致性和正确性。

隐形层——模式：模式无处不在，却又是最难以被看见的部分，完全在暗处发挥作用，是一种无意识的状态。只要我们进入无意识的状态，模式就开始掌控一切。我们开启什么样的模式，取决于我们当下的感知，每个人都有多样的模式，看见并接纳不同的模式是合作的基础。

教练引发有意识的对话，支持团队有意识地进行观察、反馈和觉察，使隐藏的模式得以被看见，把无意识的模式意识化。团队教练不是教练团队问题的解决，而是教练团队模式的转变。

团队教练需要教练团队成员之间形成联结，支持团队从保护模式转为联结模式。

联结层——需求、渴望：每个人都有自己的需求和渴望。我们通过开展对话，听到需求和渴望，从而理解彼此。而在关系层面，我们最大的需求是被理解，互相理解能够支持我们产生内在的联结。

需求通常指向内在，是需要被满足的部分，如被理解、被信任、被接纳、被认可等。需求未被满足，则表现为能量很低；需求被满足，甚至仅看见自己的需求，也会让一个人的能量恢复到正常水平。

渴望通常指向外在，是需要被看见和支持的部分，我们的渴望通常都是让未来变得更好——渴望更好的关系、更好的环境，渴望给予他人支持和影响。渴望的背后往往有更大的能量等待释放。如果渴望未被看见与支持，往往会表现为愤怒。

很多时候需求和渴望是同时存在的。例如，支持他人成功的渴望有时也是一种被需要的需求。

动力层——信念、意图、角色：这是一个人的内在驱动力所在，有时也是一个组织的内在驱动力所在。

信念指坚定地相信，它能够带来必胜的信心和源源不断的动力，信念是能力的许可。

意图指决意去做的事情，它是创造力的源头。

角色指自我的定位，是责任、权力和利益的集合体，是社会分工所致的。

信念、意图、角色能够为个人或组织提供前行所需要的持续动力，每个人都需要找到它们，否则就需要外力的不断推动。教练通过对话支持团队成员内在的信念、意图和角色得以清晰，唤醒团队成员内在的动力。这个层面的清晰能够给团队带来持久的行动力，表现为坚定而有韧性。

能量层——使命、愿景、价值观：使命、愿景和价值观联结着深层次的生命力，热爱、热情和绽放的生命状态都来自这里。使命、愿景和价值观的清晰能带来持续的能量、持久稳定的状态，表现为百折不挠的奋斗精神。

使命指把自己奉献给特定的事业，找到自己一生从事的工作。

愿景指渴望实现的图像，它能够提供持续的热情。

价值观指什么是真正重要的，它能够带来聚焦的能量。

使命、愿景、价值观是指引我们成长的灯塔，有了灯塔的指引，我们才知道自己走在正确的道路上，内心从容坚定，任何困难都无法阻挠我们前进的步伐。从追求成功转变为追求成长与成就，开启自我实现之路，也是一生奋斗之路。在这个层面团队能够获得高大的"势"，"势"能够成就团队想成就的一切。

固化层——过往的经历：过往的经历中蕴藏着生命力。每个人都有自己独特的人生经历，所有这些经历都是人生的财富。如果有些经历成为制约，并持续影响一个人当下的状态和决定，这就需要进行有针对性的处理——疗愈/聊愈，将经历转化为生命的礼物。教练通过对话支持团队完结过去，那些有深度的对话甚至能疗愈/聊愈一个人过往的伤痛。

构成场域的八个层次互相依存和制约，任何一个层面被卡住，都会导致能量流动不顺畅。语言和行为决定了现状；思维决定了语言和行为；模式控制思维。以此类推，越往深层，探索难度越大，影响力也越大。

传统意义上的管理和领导都聚焦在可见与可衡量的部分，通过外力驱动，只在表层场域环境中开展工作，必然导致更深层次的场域环境之间发生割裂。团队教练通过引领团队贯穿不同深度的对话，能够到达超越模式层的深层场场，激活整个场域环境深层次的能量，从根本上转变整个团队的内在模式，带来团队集体语言、行为和思维的改变。

上三层形成物理场域环境，下四层形成生态场域环境，模式层是转换器。上三层的质量由下四层决定。要想改变语言、行为和思维，就需要转换模式，而模式的转换需要重新定义下四层。生态场域形成的过程就是内在深层能量和生命力被激活的过程，是从物理化管理到生态化管理的进化过程。

从物理场域环境到生态场域环境

这是一个人人都为自我实现而努力的时代，人们对于精神富足和自我成就的追求越发强烈，对成功的定义已经超越了世俗。每个人都有这样的需求：领导者的肯定；充满信任的环境；温暖有爱的工作氛围；能够感受到被接纳、被理解和被支持；和同事之间的良好互动与交流；自己的努力被人看见；能够得到持续的学习和成长；有新鲜的体验；能够被允许尝试和犯错；能够得到更多的肯定和鼓励；内在的需求得到满足；内心的渴望得以表达；加入一个有愿景、有梦想的团队；感受到自己是被需要的；能够实现自己的价值……

不难看出，最终所有的答案都指向"自我内在的感受"。能够在多大程度上满足自我内在感受的需求是衡量一个生态场域环境质量的最重要标准，也决定了团队合作的质量与成果。没有生态场域环境的支持，团队成员内在的需求无法得到满足，外在表现出来的就是能量匮乏、思维局限，经常发生各种冲突。

区别于物理场域环境，生态场域环境最大的特点是不同个体之间互相依存，彼此都是对方的一部分，共同形成一个完整的生态。在生态场域环境中，人与人之间的边界消失，集体从保护模式转变为联结模式。人们彼此关注、彼此赋能，每个人都关注且在意自己对他人的价值，所有人共同服务于彼此的共同利益，共同创造属于所有人的未来。

物理场域环境指系统中物理空间的质量，包括软、硬件设施，以及制度、流程、标准等。物理场域环境是可见的部分，容易形成标准化的定义，相对显性，也较容易改变。

生态场域环境指系统中生命的温度和能量水平，包括文化、氛围、关系等。生态场域环境体现为整体现状给人们带来的感受，是不可见的部分，通常也比较难以被准确地定义，相对隐性，也较难改变。

针对两种不同的场域环境所进行的管理工作，形成了物理化管理和生态化管理。企业的管理方式正在从物理化管理转变为生态化管理——打造一个支持团队成员共同取得成就的生态场域环境，让每个人看到自己和他人的贡献，创造一个有温度、有能量的场域环境，每个人都能在这样的场域环境中被赋能、被滋养，感受到被需要、被信任、被支持。

物理化管理

企业不断投入大量的人力、财力建设流程与能力标准，试图定义和标准化一切工作内容，甚至把人的语言、行为和思维也标准化。我们把片面强调规则、标准、流程、制度、执行，无视人的情感因素的管理方式称作物理化管理。物理化管理最典型的代表是基于牛顿式机械论的管理理论——强调规则、标准和控制，强调固化和复制。在以机械生产为主的时代，整个生产力系统的核心是机械，强调标准化、规范化和秩序可以带来效率。

物理化管理会设定越来越多的制度和规范，越来越多的禁区，这犹如在团队四周竖起了高压线，人们会变得谨慎小心，生怕一不留神就被电到。人们为了自保，就会形成更多隐形的规则。越是隐形的规则，越会制造不安全感，因为谁也不知道自己什么时候会冒犯规则。时间久了，这样的团队会一片死寂，人们不敢表达自己的想法，甚至连想法也没有了，他们会说："别自寻烦恼了，省省力气吧！"

物理化管理把关注力聚焦在问题的界定、解决和目标的达成上，管理手段单一、粗暴。每个人都只是执行链条上的一环，人与人之间是一种上下游的物理关系，只需要做好规定动作，不允许有太多的想法。在一个失去深度交流的环境中，人的需求被无意识地忽略，人们无法彼此看见，也很难看到自己的价值。时间久了，所有人都会变得冰冷麻木，工作只是为了达成目标而不得不做的事，得到的也只是一份能够满足生活需求的薪水，工作失去了原本该有的意义。反过来，如果团队成员能看到自己的言行对团队的重要性——"我"是有影响力的，就会开始自律，而在一个人人自律的环境中，制度将形同虚设。

在物理化管理环境中，人与人之间有着明确的边界，各自守着自己的利益，做好自己的分内事，不敢做超越边界的新尝试，因为万一犯错就会影响他人的利益。

物理化管理机械地定义人与人之间的关系和互动方式，试图用固化的流程进行掌控，要求一切都按照预定的方式发生和发展，结果却走向了相反的方向——试图控制一切的想法最终让一切失控。

物理化管理将一个完整的有机体强行分解，割裂了整体，带来的只能是阻断系统中不同部分之间能量的正常流动，将系统中的生命力冻结。这让所有人都被困在自我的中心，形成保护模式。

当数字和标准成为人们关注力的核心时，人们却忽略了感受上的互动、情感上的支持；当忽略了针对人的交流和反馈时，理解和信任也就无从谈起。工作场合中不谈情绪、不讲感受、对事不对人，人被物化成了机械的劳动工具。在一个被高度物化的系统中，人们内在的生命力被压抑，系统中潜在的能量无法得到释放，于是不断从外在注入能量，以维持系统运作，赋能本身也成为一件耗能的事情，这看起来好像作茧自缚。当系统内在的生命力没有被激活时，整个系统就变成了物理系统，物理系统必然创造孤立与无序，因熵增而加速走向消亡。

企业在设定规范和标准的同时，需要找到一个平衡，给予人们更大程度上的自由，在行动上、言论上允许人们尝试错误的想法和做法。从错误中找到正确的是什么，这是人类的一种非常重要的学习方式。永远不要试图解决所有问题，那会让团队身陷问题的沼泽。

生态化管理

如果说物理化管理无视人，把人物化，忽视系统中人的重要性，那么生态化管理就是给予人充分的信任与尊重，关心人的生存状态，看到人的潜能，允许人运用潜力工作。生态化管理把人作为整个系统的核心，视人为系统动力的源头，以释放出人的内在生命力为目标，致力于创造联结与有序的生态场域环境。人不是物品，人有能力、价值、资源，还有目标、愿景、使命和用之不尽的热情与动力……人因为拥有内在的生命力而能够被唤醒，每个被唤醒的人都会自行负责，开始为成长、意义与成就而努力工作。

生态化管理专注于支持和滋养生命力的种子，让人们内在积极的种子发芽，散发出积极向上的活力。每个人都是拥有无限可能性的生命体，组织系统应该赋能每个人的生命状态，并把释放每个人内在的资源、能力和价值作为核心目标。

生态化管理把场域环境视作种子生长所需的土壤。养鱼先养水，培育好土壤，打造好文化，那些毫无意义的冲突自然会减少，混乱无序的关系自然会得以改善，自主和真实的力量在美好的场域环境之中自然会生成。

我们必须相信，每个人内在都有一颗积极正向的种子。我们只需专注且富有耐心地培育有温度、有营养的场域环境，积极正向的生命力会自主绽放。人内在生命力的苏醒、壮大是一个自主的过程，一个自然生长的过程。场域环境所提供的能量能够滋养人们内在的生命力，生命力是唯一能够对抗熵增的力量。

当我们置身在美好的场域环境中时，内心的伤痛会被疗愈，甚至身体上的疾病也可以被治愈。每个人都是场域环境的创造者，我们是时候为自己的赖以生存的场域环境负起责任了。

Part 4　Full View of "4C Team Coaching"

第 4 部分

"4C 团队教练"全貌

（道、法、术、器、势、志、行、知）

"4C 团队教练"的意图：共创一个联结的世界。

"4C 团队教练"的意图：共创一个联结的世界。

本着实用与简单到极致的原则，去除多余的信息，也为了能够让内容一目了然，方便大家学习和记忆，我把"4C 团队教练"的整个核心理论体系提炼结晶为八个字。

"4C 团队教练"的核心理论体系

- 道——知行合一，改变的规律，能量的源头。
- 法——"4C 团队教练"的基本原则。
- 术——"4C 团队教练"的基本方法、流程、标准。
- 器——对话中创建联结的工具。
- 势——高大的自我形象，释放出内在的潜能。
- 志——志在必得的目标。
- 行——全新的尝试。
- 知——全新的认知。

从规律、原则到方法、工具，再到能量，最终到目标、行动、成长。有了道、法、术、器的支持，我们才能够有效支持团队形成高的势。势高了，志（目标）自然会更加高远且坚定。最后就是对信念的坚定执行，走进知行合一的成长循环，完成整个"4C 团队教练"落地实践的闭环。

教练一个团队，就是运用道、法、术、器，创造团队的势、志、行、知，成就一个充满能量、目标高远、坚定行动、知行合一的团队。

教练团队的势——内在潜能的释放。提升"势"能，形成团队高大的自我形象，势能够为团队带来直面未知的勇气。

教练团队的志——团队目标清晰且坚定。"志"必须建立在"势"的基础上，坚定而高远的目标能够为团队带来行动的动力。

教练团队的行——创建全新的行动。全新的行动能够带来全新的发现和觉察。

教练团队的知——新知，代表成长和改变的发生。全新的"知"来自前所未有的行。

势生志，志成行，行致知。

第 8 章

"4C 团队教练" 概览

整个"4C 团队教练"以改变的整体观为架构基础,按照打开"三器"的基本原则进行设计,形成一个完整的闭环,如图 8-1 所示。"4C 团队教练"的执行过程从团队当前的语言、行为和思维,去到团队内在的模式,再到深层场域环境的转变,经过整个旅程之后,最终形成全新的语言、行为和思维。语言、行为和思维的改变是"4C 团队教练"的一个标志性成果。

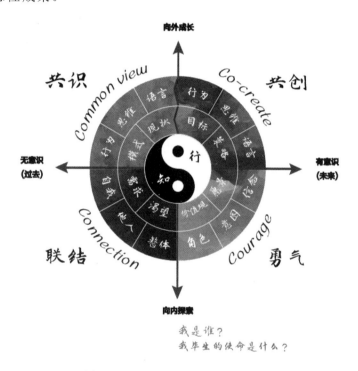

图 8-1 "4C 团队教练"理论架构

"4C 团队教练"的三个层面

团队是一个系统,团队成长是一个系统问题,要解决系统问题,需要系统中所有要素的参与。"4C 团队教练"同时在道、团队、个人三个层面展开探索,包含构成一个团队系统的全部要素,在三个层面实现同步改善，保证整个系统内在要素的高度同频，有效规避只在系统局部推动变化所带来的冲突与混乱，带来稳定持久的变化。

第一层：道

在道的层面，知和行是共存的关系，两者互相赋能，互相成就，是一个永续的循环，是团队改变与成长的动力源头。只要知和行互相促动，就能提供给系统永不枯竭的能量，不断生成全新的可能性。

第二层：团队

在团队改变层面，实现了从现状到目标再到现状的闭环。整个 4C系统沿着现状—模式—需求—渴望—价值观—愿景—策略—目标—现状的路径探索。随着每个要素的逐步清晰，团队成员之间的联结更加紧密，团队的整体形象更加清晰，这是一个重新定义团队的过程。团队的现状和目标及实现目标的策略，都在这个探索过程中被重新定义。

第三层：个人

在个人成长层面，从语言、行为和思维开始探索，经过一趟内在的旅程，最终回到每个人的语言、行为和思维。经历整个探索过程之后，所有人对团队的看法、对现状的解读都发生了变化。团队成员的语言、行为和思维发生了质的转变，团队成员语言、行为和思维的改变意味着团队整体发生了变化。

"4C 团队教练"的四个模块

Common view（共识）：打开团队的认知边界。
Connection（联结）：打开团队的感知边界。

Courage（勇气）：打开团队的觉知边界。

Co-create（共创）：开启团队的共同创造。

"4C 团队教练"的整体框架由以上四个模块构成，这四个模块正是"4C 团队教练"执行的具体内容，是显性可见的部分。在整个 4C 系统中，还有隐性不可见却又不可缺失的两个部分。

一个是对话："4C 团队教练"执行过程始终伴随着团队集体的对话，并且所有的对话都有清晰的流程和标准的指引，教练通过对话的改变创造了场域环境的改变，目的是支持团队成员从保护模式转变为联结模式。

另一个是真正的改变：真正的改变不会发生在学习之中，学习只能带来头脑层面认知的改变，而改变还有一个更加深刻的部分——模式的改变。模式的改变需要"行"，只有知与行完美统一起来，真正的改变才会发生，这也是整个"4C 团队教练"所指向的最高成果。

Common view：共识

每个团队都有自己的现状，团队合作的目的之一是让现状变得更好，这需要建立在团队成员共识基础之上的共同行动。团队在达成共识的过程中，总会面临各种各样的挑战。一直以来，人们都在耗费大量的时间去争论真正的问题是什么。每个人眼里的问题都不同，共识变得异常艰难。然而，真正的挑战并不是那些具体的问题，而是一个人眼里的问题在另一个人的眼里根本就不是问题。"4C 团队教练"中的共识，并不是找出共同认可的问题是什么，而是看见共同的方向在哪里。一旦团队成员共同看见了事物发展的内在规律，就能够意识到，超越问题而非解决问题，才是改变的有效途径，才是让一切变得更好的正确方法。真正的共识必须能够满足所有人的需求，为所有人带去支持的力量，是所有人都想要的最佳选择，否则就不能被称作共识。在事务、问题这些表面现象上很难形成共识，而在规律的层面，人们自然而然就会形成共识，因为规律是正确的路，甚至有时候是唯一正确的路。

Connection：联结

我们今天面临的最大挑战就是关系的割裂，割裂使人与人之间无法沟通，不断强化团队内部的混乱与冲突。形成割裂的是保护模式，即使通过一定的方式在短时间内建立了联结，如果保护模式没有改变，割裂还是会被强化。团队教练首先要能够重新建立团队成员之间的联结，其次必须帮助团队成员建立对自身保护模式的觉察，有意识地停止保护模式，刻意练习联结模式，直至强化联结模式成为新的优势模式。当联结模式成为团队的优势模式时，即使有突发的冲突给团队带来了的影响，这种影响也会在联结模式的作用下很快消失。团队成员只有在联结模式下，才会形成真正的利益共同体关系，才能开启面向共同目标的探索。

Courage：勇气

如果你决定做一个追随者，那么你不需要有勇气，因为你不需要自己做决定，也不需要为事情的结果负责任，这也决定了你无法获得自我实现的成就感。如果你渴望自我实现，那么你必须自己做决定，并做好准备，承担一切可能的后果。多年前，我看过一份有趣的调研资料，其中提到人类最恐惧的事情是公众演讲，比对死亡的恐惧都要高很多，原因是什么呢？因为很多人认为如果没讲好，那是很丢人的事情，可见人们多么在意别人的评价。我们一方面不断鼓励他人"你可以""勇敢些""大胆表达自己的想法""不要怕犯错"；另一方面不断地盯着他人的错误，不允许有偏离自己的标准的行为发生，动用各种手段去评价他人，因此人们变得越来越谨小慎微。每个人都需要掌握赋能的对话方式，学会运用赋能的语言。团队成员之间互相赋能，源源不断的能量就在团队内部生成，团队会因此变得高大，树立坚定且高远的团队目标。要开启团队的勇气，团队成员之间需要停止原来的对话方式，运用彼此深度赋能的对话方式。

Co-create：共创

首先，我们一定要理解创造是一个无中生有的过程。真正的创造需要迈入未知领域，尝试之前没有尝试过的方式。这就需要团队成员能够放下先入为主的想法，突破自我头脑中固有的认知。从一个更大的整体的角度去感知，将所有人联结成为一个利益共同体。超越固有的信念系统，鼓起不断尝试全新行动的勇气。最后才能够结晶出突破个体经验束缚的新想法，从而实现对现状与目标的超越。

共创的目标是让未来的生活环境更加美好，让自己的潜力得到更大限度的发挥，因此，共创不可能一劳永逸，而是一个不断持续的过程。在今天这个变化日益加速的时代，每个人所需要处理的信息量越来越大，团队只能把分工做得越来越精细，共创已经成为引领团队探索未来最重要的方式之一。

人类所有的伟大成就都是集体共创的结晶，团队合作是集体共创最常见的一种方式。团队合作实现目标的过程，就是团队持续共创的过程。

Change：改变

还有一个 C 是"4C 团队教练"的核心，也可以将其理解为"4C 团队教练"的终极使命，这是一个被隐藏的 C，即 Change（改变）。之所以将它隐藏起来，是因为我想通过这样的方式提醒大家，不要为了改变而改变，不要认为只要嘴里喊着改变，改变就能发生。改变无时无刻不在自然而然地发生，是一个自动发生的过程、一个难以觉察的过程。改变不同于颠覆或变革，未来可能不会给予我们足够的时间去考虑变革，我甚至认为在企业的经营中只有颠覆，没有变革。当变化来临的时候，好像一切在短短的一瞬间就发生了，不会留给我们任何思考的机会，除非我们已经做好了准备，否则只能等着被颠覆。我们需要在颠覆来临之前培养出适应变化的基因，只有拥有变化的基因的组织才能适应未来的环境，这个基因就是知行合一。

未来的团队成员需要有意识地保持持续的行动，把行动作为检验已知、探索新知、持续改善与进化意识最重要的方式。

创造的过程

我在奥托·夏莫博士的《U型理论》一书的序言中读到彼得·圣吉博士的一句话："人类最伟大的发明是创造的过程，是提出新现实的过程。"当时我还无法准确理解其深刻的含义，为什么创造的过程被喻为"最伟大的发明"？后来我有机会作为助教支持彼得·圣吉与奥托·夏莫博士在北京的培训课程，主题是"超大型城市的治理"，很显然，这是一个非常复杂且宏大的话题。课程刚开始不久，彼得·圣吉博士就分享了他跟随南怀瑾老师学习的经历，当他向南怀瑾老师请教如何解决人类集体今天面临的困扰时，得到的答案是：人类所有的困扰都是割裂造成的，必须重塑关系。接下来他向大家分享了推论的阶梯，带领大家重新思考自己所面临的挑战。当大家按照推论的阶梯回答了所有的问题之后，每个人都惊讶地发现自己面临的问题变了，面临的选择也变了。彼得·圣吉博士说："当我们能够看到自我思考背后深层次的内心历程时，问题就得到了合理的解决。"我领悟到：解决问题的过程必须符合事物自身发展改变的规律，而那些了不起的创造者要做的就是发现这个规律，并把它呈现在众人面前。事物发展的规律就是解决事物自身问题的方法，发现规律的过程就是提出新现实的过程。这个深刻的领悟后来一直影响着我对"4C团队教练"的思考，并最终把"4C团队教练"的核心成果聚焦于创造一套符合团队自身发展规律的流程，通过执行流程的过程，定义全新的团队、全新的现状、全新的行动，这对整个"4C团队教练"的理论和工具的发展起到了积极的指导作用。

"4C 团队教练" 所提出的全新的现实

教练的过程就是重新整合过去与未来、内在与外在、行动与思考的过程，是支持客户从已知到未知的过程。

改变的整体观：模式不变，一切都不变。场域环境是模式改变的开关，是一切变化发生的源头。

团队的变化本质上是势的变化，提升团队的势，团队成员会对自身的发展负起责任，制定出更加高大的目标与更富有创造力的策略。

从无意识到有意识，是团队成长的开始。

共创一个联结的世界。

知行合一，带着觉知行动。

创造的五个层次

创造的五个层次如表 8-1 所示。

表 8-1　创造的五个层次

思维封闭	重复	模式主导（过去）
思维开放	重组	流程和方法主导（事情）
内心开放	重构	关系主导（人）
勇气开放	重启	信息/意图主导（能量）
场域开放	重生	从每个当下感知/学习（未来）

九大成果

（1）支持团队跨越对话中你与我、对与错的边界。

（2）打破原有的保护模式，创建全新的联结模式。

（3）支持团队从空谈与争论转为联结与共创。

（4）改变组织中的对话环境，生成赋能对话的场域环境。

（5）提高个体的对话水平，改变个体的对话模式。

（6）重新定义全新的团队。

（7）重新定义全新的现实。

（8）重新定义全新的目标与策略。

（9）开启知行合一的团队成长模式。

专注养成的团队能力

（1）达成共识的能力。

（2）聆听、观察与感知的能力。

（3）多视角观察的能力。

（4）同在的能力。

（5）深层次对话的能力。

（6）自我反思的能力。

（7）结晶新想法的能力。

（8）从失败中学习的能力。

本书中还有很多让人脑洞大开的思考，都是我从团队教练实践中总结出来的，仅仅是我个人的经验之谈。我知道许多观点尚不完善，但这似乎并不妨碍一边实践一边改善。在我看来，只要能支持大家突破原有思维框架的限制，从新的角度对现状产生一点新的看法，就是非常有意义的事情。

第 *9* 章

"4C 团队教练"之"道"

一切事物的发生、发展与变化都有其内在的规律，遵从事物发展的内在规律就是合乎"道"。得道者多助，失道者寡助。

道——万事万物运行的规律，是一切事物发生、发展和变化的主宰。道是源源不断的能量源头，不生也不灭，与道相通，则永不枯竭。关于道，所有人都耳熟能详的是"道法自然"，其意思是：变化都是遵循事物自身的发展规律自然而然地发生的。变化一直在发生，从未停止，唯一不变的是变化的规律——道。

"道"创造着一切，并且不可阻挡。

《礼记·大学》第一章讲道："大学之道，在明明德，在亲民，在止于至善。知止而后有定，定而后能静，静而后能安，安而后能虑，虑而后能得。物有本末，事有终始，知所先后，则近道矣。"

所谓"物有本末，事有终始，知所先后，则近道矣"，是说"本"在先，"末"在后，没有"本"就没有"末"；"终"在先，"始"在后，不知"终"就无从"始"，只有明白了事物发展的先后顺序，才能向道靠拢。我们需要把注意力放在探寻事物的"本"、清晰事情的"终"上，从这里着手，就能够做到顺势而为，成就势。知止、定、静、安、虑、得，以及格物、致知、诚意、正心、修身、齐家、治国、平天下，都为我们指明了成长之道、成就之道。

成年人的学习之道，在于明了自我先天的明德；在于能够亲近他人，聆听他人的心声；在于能够坚定地追求人生至善的境界。

止于至善

止于至善的内涵是知（觉知）行（行动）合一。

中国古代思想家认为，不仅要思考（知），还要行动（行），只有把"知"和"行"统一起来，才能达到"至善"，才能"止于至善"——状态始终处于最完美的境界。朱熹说："止者，必至于是而不迁之意。"把这些哲学思想用更加通俗的语言描述如下：我们要始终保持"知"与"行"的统一，这才是我们孜孜以求的最佳状态、最完美的境界。

这里的"知"指的是"良知"，那什么是"良知"呢？《孟子·尽心上》说："人之所不学而能者，其良能也；所不虑而知者，其良知也。"王阳明先生指出："良知即是《易》，其为道也屡迁，变动不居。"由此可见，首先，"良知"既非后天所学，也非头脑思虑所得；其次，"良知"不是一成不变的，而是"变动不居"的，不能用一个统一的标准来界定。

成年人成长的六个层面

（1）眼里只有问题，不断指出问题，忙于解决问题。

（2）能够开始自我反思，开始关注问题背后的原因。

（3）思维灵活且富有选择，明白了思考的方式比思考本身更重要。

（4）开启了发现与觉察的模式，生活中不再有问题，能够看到事物背后的规律。

（5）发现了自己的价值和使命，建立了完整的信念系统，行动持久、恒定。

（6）带着觉知生活，从每个当下形成对自我的发现与觉察，达到知行合一的至善境界。

每个人都处在这六个层面的其中一个，不同层面的人必然面对不同的现状。要改变现状，就需要自我成长，让自己进入下一个层面，这是所有人自我成长的内在旅程，直至达到至善境界。

思考和行动

思考和行动是人类创造现实的两大工具，思考创造内在的现实；行动创造外在的现实。史蒂芬·柯维称思考为第一次创造，称行动为第二次创造，第二次创造是第一次创造的实现与检验。这个说法乍听起来很有道理——似乎我们一直都是这样做的。然而，这种对思考和行动的先后关系的界定，显然还没有摆脱自我大脑的思考逻辑，这和知行合一所包含的整体观的东方智慧还是有很大差异的。

奥托·夏莫博士在《U型理论》一书中提到：人类集体的两大陷阱是"没有思考的行动和没有行动的思考"。只要稍不留神，思考和行动就会被模式掌控，变成不断重复"相同的思考"和"相同的行动"。如果不能对模式建立有意识的觉察，无论是思考还是行动，都只是在已知的轨道上自动运行，没有了新的学习和成长，我们就被困住了。思考和行动本质上都是为了探索未知，那些不断重复的思考和行动是没有意义的，带来的只是能量上的消耗，而无法给予我们成就感。

思考和行动是互相促动的两个因子

新的思考促动新的行动，新的行动必然引发新的思考。

重复同样的思考，无法产生新的行动。

重复同样的行动，不会带来新的思考。

内在的思考是为了产生外在的行动，外在的行动进化内在的思考。

今天我们共同面临的巨大挑战是经验失效、知识泛滥和过度思考。在快速变化的环境中，我们原有的知识和能力很快就会过时，面对未来的各种不确定性，我们很难制订长远的行动计划，甚至无法做出有预见性的知识和能力储备。只有完全置身当下，我们才能产生新的感悟——更深刻的洞见。这个洞见不依赖过去，也不源于未来，只能发生在当下——此时此刻。我们需要回归知行合一的状态，做到外在行动和内在成长的合一，全然从当下的经历中发现与觉察，这样才能跳脱固有模式的束缚，与正在发生的变化（规律）同频共振。知行合一如图 9-1 所示。

图 9-1　知行合一

　　我曾经和很多老师、朋友一起探讨：王阳明先生提出的"知行合一"究竟想告诉我们什么？这个问题的答案终究是无法求证了，但我渐渐地形成了自己的理解。首先，可以肯定"知行合一"不是在讲知道和做到之间的关系，更不是要求我们必须按照自己明白的道理去行动。理由其实很简单——阳明先生指出良知的本质变动不居。致良知指达到一切变动不居的境界，不执着于自己的已知。但凡我们的已知都属于过去，执着于已知，用已知去指导行动，就是在不断重复过往的经历。要求人们知道了一定要做到，实际上是真正无知的一种表现。"知行合一"是一种境界——基于当下的每时每刻，带着觉知去行动。持续跨越已知，不断自我进化，这是人生修行所能够达到的一种至高境界，也是生命得以不断自我完善的有效方式。

　　这里的知与行是阴和阳的关系，既相生又相克。知指的是觉知，发生在我们的内在，为静态的、混沌不可见的，谓之阴；行指的是行动，发生在我们的外在，为动态的、清晰可见的，谓之阳。《易经·系辞上》曰："一阴一阳之谓道。"知与行共同构成道，知（思考）行（行动）合一是人的成长之道，是成长所需能量的源泉。（我想强调一下，本书中的"知行合一"与阳明先生所阐述的"知行合一"在表述上略有差异，虽然我不可能完全领悟阳明先生的教诲，但我依然从这些探讨中受益良多。）

最高的智慧总是在为我们指出生命的真相，而非问题。知行合一的道理告诉我们，人原本就是知行合一的，人自身发展变化的规律就是知行合一。我们所有的知都来自行，所有的行都来自知，知行不二，这是真相。"纸上得来终觉浅，绝知此事要躬行。"我们从书本中学到的"知"，从他人那里听到的"知"，都不是真正的"知"，充其量只是了解了一点他人的想法。他人的想法是他人经历的结晶，而我们的"知"，需要自己亲身经历才能得到。

我把"知行合一"理解为带着觉知的行动，是从行动中发现的意思。"知"即"觉知"，是从行动中产生有意识的发现与觉察的一种状态。区别于头脑中的认知和内心的感知，觉知是从更深的内在苏醒，是自我超越，在"4C 团队教练"中觉知指看见更加完整的自我，从"小我"到"大我"，从"我"到"我们"。

"4C 团队教练"作为一个独立的团队教练理论体系，经过大量的探索和实践，不断自我完善，逐渐向"道"靠拢。最终整个"4C 团队教练"联结到了自我内在生命力的源头——知行合一。

一切从道出发，法有道可循，术有法可依，器成于无形。

第 **10** 章

"4C 团队教练" 之 "法"

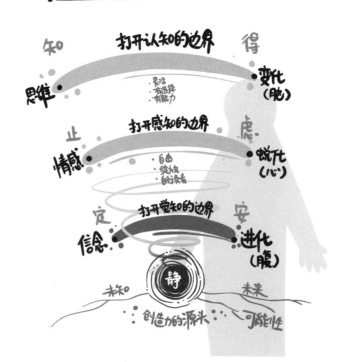

法：原则、法理，是"道"的显化，是在"道"的运行下显现出来的具体事物的原理和运行方法。

在创问引进的"进化教练"课程中，我第一次接触到打开"三器"（脑、心、腹）这个概念。整个课程分为三部分，分别对应认知的开启——灵动的头脑，感知的开启——灵动的心灵，觉知的开启——意识的进化。后来，在奥托·夏莫博士的《U型理论》一书中，我再一次系统地了解到打开思维（脑）、打开心灵（心）、打开意志（腹）。我们熟知的华德福教育，注重人成长的规律，通过对身体、生命体和精神体的全面探索，帮助人们回归到自我的完整性，其背后的核心理论也是打开"三器"。《礼记·大学》中的"大学之道，在明明德，在亲民，在止于至善"，分别对应脑、心、腹"三器"的打开，知止、定、静、安、虑、得，则为我们清晰地指出了打开"三器"的路径和具体的修身之法。被誉为"万经之首"的《道德经》洋洋洒洒五千言，用精准而玄妙的文字告诉了我们打开"三器"的重要性，以及如何打开"三器"，其中的"无知、无欲、无惧"对应的正好是"三器"的打开方式。《论语·子罕》中说："子曰：'知者不惑，仁者不忧，勇者不惧。'"孔子说，不断地求取知识，以至于不再对现实世界的事物产生困惑；真诚地待人如己，以至于不再为个人得失而忧愁；勇敢地实践前行，以至于不再畏惧任何困难。孔子用"知者""仁者""勇者"分别对应"脑""心""腹"，准确地指出了打开"三器"后所带来的成果。

在为众多企业提供教练服务的过程中，我发现很多优秀的企业早已运用了这套理论。许多企业都在自身的领导力发展系统中提出了"脑、心、腹"领导力，指出一名领导者要能够用思维、情感与勇气去领导，不仅要能够领导思考（脑——认知），还要能够领导情感（心——感知）和勇气（腹——觉知）。

打开"三器"

我们的身体是一个非常庞大且复杂的系统，这个系统中又包含许多子系统，任何一个简单的行为都需要多个系统协同参与、共同完成。这些系统之间的互动不仅为身体的基本运作提供了保障，还决定了我们的决策方式，造就了我们与自我、他人、环境之间的关系。是系统的运作创造了一切，所有的问题背后都是系统在控制，我们的脑、心、腹"三器"分别对应认知系统、感知系统、信念系统。这三个系统首先是封闭且自我强化的，同时它们互相影响、彼此制约，打开"三器"指的是这三个系统边界的打开。只有打开"三器"，我们的双手才能从固有的认知系统、感知系统、信念系统中摆脱出来，停止不断重复，触及创造力的发源地——未知。

未知的领域是认知的盲区，认知不可能迈进自我的盲区，必须依赖双手的引领。带着觉知的双手能够推开未知的大门。打开"三器"一览表如表 10-1 所示。

表 10-1 打开"三器"一览表

三器	边　　界	状　态	改　变	成　果	目　　标
脑	认知：过去与未来	无知	变化	有能力	促进人类集体意识的进化
心	感知：内在与外在	无欲	蜕化	自由	人人都带着爱生活
腹	觉知：思考与行动	无惧	进化	有勇气	共创一个联结的世界

"三器"的打开按照脑、心、腹的顺序从浅到深，相应的难度会逐渐增加。同时，打开的层面越深，带来的改变越深刻。

打开认知——超越自我认知系统的边界。

打开感知——超越自我感知系统的边界。

打开觉知——超越自我信念系统的边界。

你们谁渴望登上珠穆朗玛峰

六年前，我们邀请一位曾经数次登上珠穆朗玛峰的朋友做了一次分享。一开场，大家首先谈论了各自对珠穆朗玛峰的印象。这是一群从未接近过珠穆朗玛峰的人，却足足谈论了一个多小时。那位朋友到来之后，分享了他十几年中数次挑战珠穆朗玛峰的经历，其中包含大量他亲自录制的影像资料。现场很多人都数次感动落泪，更有很多人感叹道："太了不起了！太不可思议了！"这位朋友问："你们谁渴望登上珠穆朗玛峰？"现场所有的人都举起手。朋友又问："你们谁相信自己能登上珠穆朗玛峰？"没有人举手。朋友坚定地说："只要经过合理的训练，你们中 80%的人都可以登上珠穆朗玛峰。"所有人都面面相觑，无法相信这会发生在自己身上。

这就是认知系统、感知系统和信念系统所创造的不同的现实。

认知系统储备了大量的信息，我们无法分清哪些是真实的、哪些是虚假的。

感知系统更多的是对人的同理，感知到的信息会转化为对人的理解，以及情感上的感同身受。

信念系统决定了最终的决定，决定了我们能否超越自己所面临的挑战。

打开"三器"如图 10-1 所示。

跨越三个边界—打开"三器"

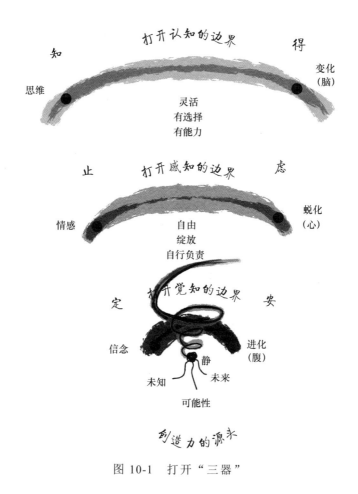

图 10-1　打开"三器"

脑（认知）

脑是我们人体最重要的器官，代表我们的认知中心，主导着我们所有的社会活动，储存着认知，并基于我们的认知开展工作。在脑的层面，只要以自我为中心，我们就会被困在自我认知的陷阱之中。脑的思考不可能进入未知，脑中的认知是过去和未来的边界，只有超越固有的认知，我们才能够迈入未来。

我们的头脑会习惯性地捍卫自己的观点："我是对的。"不允许不同的观点存在，更加不允许别人评判自我的观点，这是一种本能的自我保护模式。我们的头脑中有对与错、你与我的边界，这两个边界就是冲突和自我封闭的起因，只有超越对与错，超越你与我，我们才能走出被自我头脑认知封闭的世界，我们的头脑才能获得创造新现实的能力。

大脑掌控着理性思考，可是大脑没有办法只按照理性的认知去做决定。例如，我们明明知道这样是对的，却不愿意这样做；我们知道新的尝试很重要，却害怕万一失败了怎么办。我们一旦感知到不舒适、不安全、不信任，大脑中的理性判断就失去了作用。大脑绝对不会让我们去冒险，更加不会做出伤害我们自己的决定。

我们称脑的打开为变化。我们的头脑中总是有很多想法，这些想法也总是变来变去。我们并不缺乏想法，想法的改变并不能带来真正的改变。

打开认知的边界

第一重边界是认知（脑）的边界——重新整合过去与未来的关系。

这里的认知指我们在头脑层面建立起来的对这个世界上一切人、事、物及其内在规律的认识。每个人手里都拿着一本自己亲手绘制的认知手册，每本都是独一无二的。只有在这本认知手册的指导下，我们才能开展与他人及环境之间的共同创造。

我们现在所认知的一切能够帮助我们解决现实中的某些问题，却无法给我们带来新的成长；能够支持我们在现实世界中创造，却无法引领我们去往更高的高度。自我的认知就是自我的局限，我们各种各样的困扰都来自自我的认知。打开认知的边界，原本的局限就自动消失，我们会因为与更大的认知相结合而获得更大的空间和更自由的创造力。

人与人之间需要合作，合作的目的是产生超越个体效能之和的更高的效能，这种超越首先必须发生在认知层面——超越自我原有的认知。我们一旦被自我的认知封闭，就听不见他人的观点，看不到他人的视角，无视他人的资源、能力和价值，感受不到他人的需求和渴望。达成共识的过程就变成了一种认知与另一种认知的竞争，这不仅不会给合作者们带来任何更有价值的思考，反而会伤害彼此之间的关系。

要打开认知的边界，首先要停止原来的思考（知止），只有这样才能看到自我的盲区——之前从来没有意识到的领域。大脑追随问题，只要一个新的问题提出来，大脑就会追随它并给出结论。当遇到一个从来没有认真思考过的问题或一个超越自我现有认知层面的问题时，大脑就打开了自我认知的边界，获得了全新的视角，从而创造出全新的选择。问题是帮助大脑停止原本的思考，开启新的思考的最佳工具。

我从没像此刻这么清晰且有力量

在一次企业领导者参与的"共建企业生态"工作坊中，大家热烈地讨论着未来的企业形态，纷纷阐述着企业和员工、家庭、社会之间的生态关系的重要性。然而，当谈及"共建企业生态"需要员工的高度共识，必须给员工做大量的教育和引导工作时，所有人都有一种强烈的无力感，因为很多企业在这一过程中遭受挫折。正在大家对于"员工是否能够胜任"而争论不休时，有个人突然说道："你们考虑过员工真正想要的是什么吗？"所有人一下子都安静了下来。大家看到了自己的一个盲区，之前每个人都停留在自己的认知中，以自我为中心，试图按照自己的思路创建自己理想中的世界。安静过后，有人说："是啊，我们总想着自己的需求和渴望，却忽略了员工真正想要的是什么。"于是大家开始设身处地地感受员工真实的需求和渴望，他们看到员工们更需要物质上的满足，情感上的被接纳、被尊重、被认可。讨论结束后，大家进行了分享，有个人说："我从来没有像此刻这么清晰且有力量，我看到我渴望的生态就在我的企业里，真正做到支持和滋养每位员工，是我接下来要专注去做的事情。"

要想打开认知的边界，我们首先必须放下对事物习惯性的评价和判断，带着全然无知的心态，相信他人的认知中必然有自己所未曾触及的真相。曾子在《礼记·大学》中给出了修身治学的六步：知止、定、静、安、虑、得。这里"知止"的含义之一就是停止，其核心要义是：只有停止旧有的思考和判断，我们的内在才能创造出一个安定、安宁的空间，新的觉知才会在这个空间生成。

打开第一重边界，我们会更加有能力——灵活且富有选择。

心（感知）

心代表我们的感知中心，在心的层面，自我的情绪或感受升起，我们很容易掉进自我感知的陷阱。打开心，带来的是情绪和感受的自然流动，不再被自我的感知所困扰，我们称心的打开为蜕化——长出能自由飞舞的翅膀，呈现出绽放、自由的状态，情绪与感受自然流动。

在感知封闭的状态下，我们的耳朵、眼睛、心所收集的信息只是为了满足自我头脑中的判断，无法感知到自我、他人、场域中正在发生的一切。我们被自我的固有模式牢牢困住，听不见、看不见、感受不到，对一切新的事物和可能性视而不见。感知是我们联结自我、他人与场域的通道。封闭的感知割裂了自我和自我、自我和他人、自我和场域之间的关系。在教练领域，我们经常提及的词汇是"联结"，基本前提就是打开感知的边界，联结的质量决定了自我和自我、自我和他人、自我和场域之间的关系。

联结自我：自我是每个人最大的盲区，自我和自我之间的关系也是最容易被忽略的部分。如果我们忽略了对自我的感知，就忽略了自我的需求和渴望，很容易掉进自我的感受和情绪之中，产生内在的不满和冲突，导致持续的能量消耗。

联结他人：自我与他人之间的关系建立，依赖彼此之间的感知，只有感知他人的需求和渴望，才能增进对他人的了解与理解，建立人与人之间的联结，重塑人与人之间的关系。一旦与他人形成联结，我们就不再孤独，人与人之间因为割裂所造成的伤害会因为联结而自动修复。

联结场域：场域是最大的系统，它可以提供能量，滋养场域中的一切。如果自我和场域之间建立联结，感知到场域的温度，就会得到源源不断的能量支持。

打开感知的边界

第二重边界是感知（心）的边界——重新整合内在与外在的关系。

感知不同于感受、情感或情绪。我们的感受、情感或情绪都是过往经历在身体里留下的记忆，这些身体记忆对应着一定的情景，通常表现为一种情景能够唤醒对应的身体记忆，而这种身体记忆又会直接左右我们的决定。只要是在无意识的状态下，我们就会被自我的感受、情感或情绪所左右，真正的感知就会被封闭，失去对真相的觉察力。打开自我感知的边界，意味着我们能够保持持续的发现与觉察，能够听到、看到、感受到当下发生的一切。在这个过程中，我们不能有自我的想法或感受，一旦自我的想法或感受出现，感知就会自动关闭。例如，我们感知到一些信息，这些信息令我们的头脑中出现了"不信任"的想法，之后，我们就再无法准确地感知了，我们所能听到的、看到的、感受到的都是和不信任相关的内容。

我们把耳朵听到的、眼睛看到的、内心感受到的统称为感知，对应人类的三种感知类型：听觉型、视觉型、感觉型。我们通过感知收集信息，大脑参与信息的处理，经过综合分析与评估，最终做出决定。感知到的信息决定了大脑做出的判断和决定。因此，如何感知、感知什么就变得尤为重要。在对话中，随着不同的问题的提出，对话的内容会不断发生变化，对方的状态必然会改变。我们要感受到这样的改变，追随改变的过程，帮助对方看到他们的变化。当我们的感知打开时，就不会固着在某种感受中，而是让感受像流水一样流经自己。

每个人都有自己独特的感知系统，这个系统在后台自动运作，完全是无意识的过程。我们完全相信自己的感知，大多数人都认为自己感知到的就是全部，然而，事实是我们的感知非常片面、局限且遵循着固化的模式，很少有人能够认识到自己的感知能力先天不足。相比这个世界的丰富性，我们所能感知到的非常有限。即便如此，我们还是相信自己感知到的是事实，没有感知到的就不存在，以至于被自己的感知所局限，形成了自我感知的边界。除非打破感知的边界，否则那些超越自我感知范围的人、事、物就等同于不存在。一旦自我被不断重复的固有感知所控制，整个世界都变得没有了新意。一旦在感知层面产生分歧，我们就会不断强调自我的感知，试图被理解、被接纳，如同盲人摸象的故事一样。相比头脑层面的观点，我们对自我的感知更加确信，因此当感知不被接纳时，我们会强烈地感受到自己不被理解，这会破坏人与人之间关系，形成情感的割裂。在感知开放的状态下，我们开始重新感知自我，重新感知他人，重新感知场域，支持自我与自我、自我与他人，自我与场域之间形成新的联结，这种联结能够创建全新的场域环境，所有关系都在新的场域环境中得以进化。

打开自我感知的边界，我们就有能力超越自我人生的情感剧本，走进他人的内心世界，感知他人的渴望和需求，建立自我与他人的联结。只有打破自我情感驱动的模式，不被自己过往的生命经历所牵绊，不再以自己的情感喜好来衡量外在的事物，我们才能用"整个人"去感知这个世界。

打开第二重边界，我们的情感会自由流动，修复关系，建立联结。

腹（觉知）

腹代表我们的能量中心。面对未知，有能量表现为有信念。如果我们没有足够的能量，就无法形成坚定的信念，表现出恐惧和担忧，这会将我们困住，以至于无法行动。

只有打开"腹"的能量，释放出内在的潜能，我们才能树立更加富有使命感的目标，拥有探索未知的勇气，对全新的尝试表现出专注而积极的态度。我们称"腹"的打开为进化——从一种形态进化到另一种形态，从"我"去到"更大的我"。

一谈论到腹，人们就会有种神秘感，感觉虚无缥缈。中国人又把腹叫作丹田，顾名思义，从这里能够长出"丹"，很多气功学习者、养生家或修行者都非常看重丹田，都需要学习气沉丹田、意守丹田。传说中的"丹"是一种很神奇的东西，拥有药到病除、起死回生的能力，许多修行之人终其一生都在修炼"丹"。因为"丹"很神秘，我们对修炼的结果就不得而知了，但我们能够看到那些修行者乐在其中，而且他们中的很多人的确表现出了超越常人的生命状态。这让我联想到《道德经》中的"有无相生"，"丹"就是那个"无"，是一种能够化腐朽为神奇的能量，这种能量就存在于我们的"腹中心"。这正是腹中心的特点，腹正好代表着"无中生有"的能力，是真正的创造力所在。

"无中生有"的能力不可能来自我们的大脑，因为大脑只能基于自我的已知去创造，重复已知不会得到新的结果。"无中生有"的能力也不可能来自我们的内心，我们的内心有需求、渴望、爱等各种情绪和感受，如果能够听从内心的指引，我们就能得到很好的关照，保持一个良好的状态，然而内心无法引领我们迈入未知。只有联结我们的腹中心，才能拥有"无中生有"的能力。我们的腹中心代表未知，联结腹中心时，就跳脱了自我的认知与情感的束缚，完全进入当下，站在过去和未来的联结点，开始了真正的成长与改变。

不妨读一则寓言故事——《愚公移山》。愚公因为相信"只要移山的行动不停止，最终大山就一定能够被移走"。这样的信念震撼了山神，感动了玉皇大帝，最终玉皇大帝派天神移走了大山。表面上看，神话故事似乎夸大了精神的力量，而实际上在信念面前，高山险阻也是一马平川，如芥子般大的信念也能够移走一座大山。信念是能力的许可，有信念就有能力。在任何方面，只要我们相信自己是有能力的，就会行动不止，而行动中的人没有困难。

打开觉知的边界

第三重边界是觉知（腹）的边界——重新整合思考与行动的关系。

每个人的内在都有一个更大的自我，我们把一个人从"我"去到"更大的我"的过程叫作觉知。觉知是对自我的超越，是一个人从一个更加深刻的层面苏醒，和更高层级的人生使命、愿景相关联，跳脱固有信念系统的束缚，用行动开启对未知的探索。打破觉知的边界的人能够站在一个超越现有高度的视角观察现状，从内在打破原本自我信念系统的边界，明确更高阶段的人生目标，然后专注、恒久地为之奋斗。

我们的亲身经历会结晶成信念，然后我们会依据自己的信念行动，在自我的信念支持的领域，我们会表现得非常有创造力，可是一旦现实超出了信念的边界，我们就会表现得无能为力。例如，如果一个人的信念是"我没办法处理复杂的人际关系"，那么在与他人的互动中，他就会显得能力不足，很容易产生无力感；如果一个人的信念是"我坚定地相信所有的经历都会带来学习"，他就会对变化表现出极强的适应能力，自我成长的速度也会更快。信念就是坚定地相信，它能带来坚韧的意志，为持续行动提供源源不断的能量。

信念决定了我们观察这个世界的视角。站在什么样的视角观察现实世界，决定了我们会产生什么样的觉知，做出什么样的决定。不同的视角决定了一个人不同的高度和成就。例如，一个人可以选择自我的视角、他人的视角、团队整体的视角，不同的视角带来不同的资源，自然也就创造出不同的结果。还有更高的视角，如行业视角、社会视角、全球视角……

信念是为了支持我们变得更好，只不过信念也会过时，从而变成"挤脚的鞋"，形成对我们的局限。那些能够支持我们持续行动的信念叫支持型信念；反之，那些拿走了我们行动的勇气的信念叫局限型信念。一切都处在持续的变化之中，除了我们的信念系统。我们必须不断打破局限型信念系统，发展出支持型信念系统，否则我们就会被自我陈旧的信念系统所禁锢。过往的成功经历形成了我们的信念系统，信念系统构成了我们的觉知边界。觉知指从"我"的信念系统扩展到一个"更大的我"的信念系统。打开觉知的边界，带来的是信念系统的扩展，信念系统的扩展可以释放出一个人内在更大的潜能。信念系统永远不会改变，除非我们对它有了新的觉知。觉知能够带来对自我的重新定义、对他人的重新定义、对场域的重新定义，重新定义带来的是我们整个信念系统的更新。

打开第三重边界，我们会超越自我，更加高大，能量充盈。

清晨的礼物

这是一个平平常常的清晨，我和往常一样，五点起床，洗漱收拾完毕，活动身体，静坐一会儿。我顺手拿过手机，微信群里，一位远在新西兰的朋友发了一篇文章《你就是光》。我打开了那篇文章，浏览里面的信息。我看到文章中讲到光的形成，物质、能量、波和光之间的关系，还讲了一些量子物理学概念，文字非常朴实，通俗易懂。我是一位物理学爱好者，这篇文章中没有什么超出我认知的信息，我也就没有什么触动。我又随手翻到文章的开头，看到朋友用语音记录了这篇文章。为了听听朋友的声音，我点开了这段语音。朋友的声音在耳边响起，缓慢又自在，我就这么听着。听了三四分钟，我突然流泪了。我擦擦眼泪继续听，不一会儿又流泪了。我也有些好奇，整段语音时长十五分钟，我一口气听完了。平时我是不会花太多时间去听对自己来说没什么新意的语音的，可是这段语音很特别，感觉十五分钟一下子就过去了。语音播放结束，我继续安静地停留在那种感受之中，我意识到自己的感受非常不寻常。于是，我开始思考：发生了什么？到底是什么打动了我？我的情感又来自哪里？我惊讶地发现，我基本上没有在意语音中的那些文字信息，因为那些信息都是我所熟知的，它们不会在我的头脑层面产生什么触动。朋友讲述的内容很多是关于物理知识的，没有任何故事情节，也没有任何画面。那是什么让我泪流不止呢？那一刻，我意识到一种超越语言和情感的东西的存在，我突然想到，那不就是朋友说的能量吗？我想起一段在西藏亲身体验唱经人唱经的经历，他们围坐在我的周围，用我完全听不懂的语言唱诵，一开始我就流泪了，只是那一刻我还没有感知到那是慈悲的频率。我马上把这个感受分享给了朋友，我告诉他："我听你的分享，感觉又不是分享，你只是在诉说对生命的理解，好像没有想让任何人理解，你也没有想讲给任何人听，可你就是那样讲了。"朋友说："是的。"那一刻，我感觉到我的整个人发生了变化，而且我非常清晰地感觉到一个"更大的我"醒来，我非常确信我已经不再是以前的我了。从那之后，每次安静下来，那种振频就会出现，不同的是，我再也没有流泪，而是感受到了一种平静的喜悦。

打开三重边界，带来的是过去与未来、内在与外在、思考与行动的重新整合，赋予我们从已知迈入未知的勇气，是自我重新整合的过程。

三趟旅程，一个逻辑

组织和团队的核心都是人，无论是个人的成长、团队的转变，还是组织的进化，都遵循同一个逻辑——打开"三器"。

个体成长之旅

《礼记·大学》作为 2600 多年前的经典，在今天的社会环境下，依然对我们的学习成长、自我修为及领导力提升有着极其重要的指导意义。《礼记·大学》可以通俗地理解为"大人的学问"，泛指成年人的治学、修身之道，这是一趟个人成长的旅程。

在《礼记·大学》留给我们的经典思想中，人们耳熟能详的当属"大学之道，在明明德，在亲民，在止于至善"。这句话既包含成年人治学的核心内容，也指出了成长的三个层次。

层次一

明明德：思维（脑），属于认知层面，明了光明的德性。

每个人自我成长的过程都是一个不断重新认识自我的过程。这就需要我们转向对自我的观察，重新了解自我，看见自我内在原本拥有的一切。这是在头脑的层面把自我认知的无意识意识化的过程。

层次二

亲民：情感（心），属于感知层面，建立亲和与信任的关系。

建立人与人之间的关系。关系是我们生命中非常重要的一个部分，很多人头脑很发达，可是在处理人与人之间的关系上非常固执，自以为是。这样的人在人际关系中会遇到更多的困难和挑战，最终会被失败的关系所困。

层次三

止于至善：勇气（腹），属于觉知层面，和生命的最高境界相联。

从最大的可能性出发去思考，止于至善，不断强化自我最高的理想目标，从最高的目标中获取前进的能量，并且坚定不移。

团队转变之旅

"4C团队教练"有四个组成部分，分别按照团队脑、心、腹"三器"打开的规律设计，最终实现支持团队以全新的方式开展全新的创造。

Common view（共识）：在认知（脑）层面，看见现状改变的整体观，认识现状改变的规律，并达成共识。

团队转变的第一步是在认知层面建立共识，共同看到现有的认知限制了团队的改变。建立对"改变的整体观"的认知，当团队成员能够在认知层面放下对解决问题的执着时，就做到了改变的第一步——知止。之后团队成员的思维就会被打开，开始探索新的可能性。

Connection（联结）：在感知（心）层面，建立人与人之间的联结，让团队关系恢复到其本来该有的样子。

团队转变的核心是实现从割裂的个体转变为联结的整体，团队成员之间建立真正的利益共同体关系。在一个整体联结的团队中，团队成员能够互相敞开心扉，在内在情感层面互动，每个人的内在情感都能够自由流动，彼此互相赋能。

Courage（勇气）：在觉知（腹）层面，突破团队固有的局限，提高团队整体的能量水平，形成更加高大的团队形象。

通过深度对话，释放出团队成员内在的潜能，使整个团队的能量提高到一个更高的水平，实现团队整体的自我突破。个体联结到自我的人生使命，团队联结到更高的目标和愿景，整体都实现了对自我的突破，变得更加高大。

Co-create（共创）：形成团队全新的语言、行为和思维（手），实现全新的行动和创造。

当团队的内在关系和状态发生变化后，团队就会焕然一新，此刻团队成员对现状与目标的看法都发生了改变。团队成员会重新设定更加清晰且坚定的目标，共同探索面向未来的全新行动方案，找到实现更大潜力的有效路径——策略。

组织进化之旅

2013 年，我和合伙人 Tess 一起创办了"创问"，"创"寓意未知，"问"寓意探索源头。从一开始，我们就决定用教练的方式来经营，成就一家富有生机的教练型组织。多年来，我们一直用心陪伴整个组织，认真记录着在组织成长过程中所观察到的一切。迄今已经十多年了，当我们再一次反观整个旅程时，看到了"创问"整体进化的三个阶段，并将其总结为"创问之道"。

第一段（2013—2016 年）：促进人类集体意识的进化（价值观——真正重要的是什么），从封闭的认知走向开放的认知，超越对与错的陷阱，去掉思维中的边界。（脑——认知）

第二段（2017—2019 年）：人人都带着爱生活（愿景——渴望实现的图像），从封闭的心灵走向开放的心灵，超越自我情感的陷阱，建立自我与他人的联结。（心——感知）

第三段（2020 年至未来）：共创一个联结的世界（使命——一生的工作），从局限的信念走向开放的信念，超越旧有信念系统的束缚，从"小我"走向"大我"，创建自我、他人与世界的整体观。（腹——觉知）

这三个阶段所形成的"创问之道"构成了整个组织一切目标、战略和行动的核心。反观这趟旅程时，我非常惊讶地发现：创问在过去的十年里，每过三年，代表整个组织方向的标志性语言都会在原来的基础上向更深的层面迈出一大步。一开始是"促进人类集体意识的进化"，第四年改为"人人都带着爱生活"，第七年发展为"共创一个联结的世界"。这个过程从认知（脑）到感知（心），最后扎根在觉知（腹），可以说是神奇的巧合，也可以说是发展的必然。不知不觉间，创问走过了脑、心、腹进化的旅程。创问的每位伙伴都知道，看起来简简单单的一句话，却是所有创问人一起躬身践行的结晶。创问人按照自我倡导的方式生活，同时也明白创问走在正确的"道"上。

我将三趟旅程、一个逻辑总结如表 10-2 所示。

表 10-2　三趟旅程、一个逻辑

改变的整体观	打破边界	个体成长之旅	团队改变之旅	组织进化之旅
现状	打开"三器"	大学之道	"4C 团队教练"	创问之道
语言、行为、思维	认知（脑）思维	明明德	Common view（共识）	促进人类集体意识的进化
模式	感知（心）情感	亲民	Connection（联结）	人人都带着爱生活
场域环境	觉知（腹）信念	止于至善	Courage（勇气）	共创一个联结的世界
新现状	行动（手）潜力	知行合一	Co-create（共创）	创问——探寻未知的源头

第 *11* 章

"4C 团队教练" 之 "术"

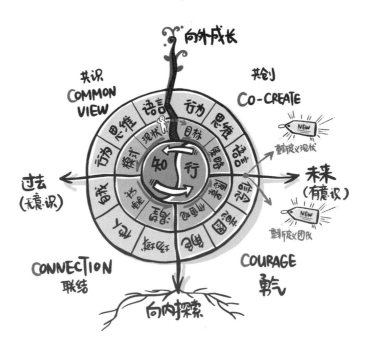

术：具体可操作的方式、方法，可以让"道"和"法"落地，是具体执行的部分。

"4C 团队教练"的流程可以帮助团队跨越从现状直接到目标的线性思维陷阱，帮助团队建立先向内探索再向外改变的成长路径。每次执行 4C 教练流程，都是团队自我成长的一次循环，带来团队整体认知、感知与觉知的螺旋式上升。

"4C 团队教练"之"术"——4C 教练流程，是一个创造的过程。

执行前

在正式教练一个团队之前，我们要做大量细致的工作，深入了解客户的需求，尤其重要的是与团队负责人做针对性的深度访谈，确认真正有价值的产出目标。基于团队教练工作坊与传统工作坊之间的差异，作为教练，我们还需要让客户了解团队教练的工作方式，整个工作坊的执行流程、细节，以及团队教练最终达成的成果。邀请团队负责人参与到工作坊中，这对团队整体的成长至关重要。在深度共识的基础上，团队负责人会成为工作坊最大的支持者和受益者。

执行中

在执行过程中，相信场域的力量，相信团队的潜力，相信团队教练流程本身的创造力。教练只需要按照流程执行，让一切变化都自然而然地发生，慢慢地，全新的成果会在团队集体共创的场域生成。学习的过程是"信、解、行、知"的过程，首先要解决的问题是"信"——相信。只有相信，我们的大脑才会去"解"。接下来必须付诸"行"。最后才是"知"，不行不知。"信"形成于头脑层面，这需要突破头脑原有的经验和判断，放下原有的自我防御机制，"4C 团队教练"的流程本身就是按照"信、解、行、知"的学习理念设计的，因此相信流程的创造力就变得很关键。

执行后

第一部分是教练工作坊结束之后，团队成员需要将工作坊中产生的想法带到工作中加以运用，这是学习成长必须经历的一个环节。如果"知道"了不用，或者"知道"了用不出来，这个"知道"只会带来更大的困扰。

第二部分是应用的结晶，当团队成员用全新的方式去行动时，就可以第一时间得到来自实践的反馈，而这些反馈是给予行动者的最有价值的学习成果，这就需要团队成员定期进行总结复盘，不断修正行动计划，形成行动与思考的循环模式。

"4C 团队教练"的目标是打造一个打开"三器"，超越固有模式，不断自我进化的团队。因此这个行动与思考的过程会一直持续下去，直至行动与思考的模式成为团队的优势模式，团队成为一个真正知行合一的团队。

"4C 团队教练"执行六步

第一步：共同开启

明确"4C 团队教练"的意图与过程，带领参与者对整个 4C 旅程有一个完整的了解，明确教练及每位参与者在整个执行过程中的角色和职责。创造开放的沟通氛围，邀请参与者从他们的视角给出自己对工作坊的期待，共同设计集体探索之旅的基本原则，并就行动中的各种可能性达成共识，确保团队教练过程能够持续保持开放。

第二步：达成共识

集体行动需要共识的支持。团队教练的共识表现在三个方面：一是对创造的过程（团队自身发展变化的规律）的共识；二是对成果的共识，即清楚最终的具体成果及衡量标准；三是对执行过程的共识，即明确以什么样的方式到达我们想去的地方，其中包括集体共同的内在状态的清晰。

第三步：创建联结

所有人共同听见、看见，共同感受到自我、他人与场域。这是一个打开心灵，重新建立团队内在深度联结的过程。在这一步，团队的关注力和对话开始从外在的现状转向内在的关系，从关注自我转向关注他人，最终转向关注场域环境，团队从保护模式转向联结模式。

第四步：释放勇气

古人云："狭路相逢勇者胜。"我们都知道面对挑战需要纵身一跃的勇气，却很少了解成长也需要勇气。我们不可能通过重复已知获得新的成长，成长来自对未知领域的探索——用新的方式做出全新的尝试。未知的不确定性会引发我们本能的恐惧，这就需要释放出内在的勇气。没有恐惧，就不需要什么勇气，勇敢面对恐惧的人就是勇者，勇者拥有迈入未知探索的坚定信念。

第五步：共同创造

团队合作的目的是共同创造，共同创造发生在两个层面：一个是头脑层面，团队成员彼此之间通过交换想法，产生思想上的同频共振，进而创造出超越所有人之前固有想法的新想法；另一个是行为层面，通过亲身实践，创造更大规模的集体学习，实现团队成员集体意识的升级。共同创造的前提是共同参与，所有人都需要能够有机会贡献自己的想法，参与到想法的实现过程之中。

第六步：持续进化

团队的成长与改变是一个持续的过程，是一步步积累的过程。通过把工作坊的学习成果应用在日常工作中，结合有规律的团队集体复盘，开启团队持续自我完善的积极循环。团队向着知行合一的境界每迈出一小步，都是在创造新现实的实践中迈出的一大步，持续进化的最高境界就是知与行的完美结合。

"4C团队教练"执行流程

共同开启

在与团队成员面对面正式交流之前，教练应该与整个项目的主要利益相关方进行访谈，聆听他们的需求、渴望和挑战，清楚团队教练的核心意图，让每个人都能够对即将开展的教练旅程充满好奇与期待。整个访谈过程紧紧围绕形成深刻的信任关系进行，为接下来团队教练工作坊的执行带来更大的助力。

教练需要和团队领导者进行一对一深度访谈，为整个团队教练项目设定目标、成果和衡量标准。

首先，教练需要了解团队领导者的需求及面临的问题和挑战。

其次，教练需要帮助团队领导者进行相应的探索，支持领导者从关注问题转变为关注更大的可能性和团队潜能、潜力，最终达成更有价值的教练合约。

最后，教练需要和团队领导者一起明确整个执行流程，让他们看到整个执行过程，并签订正式合约。

教练一个团队，首先要教练这个团队的领导者。

冬天已经远离他们

有一家跨国电气公司的总监找到我，希望我能帮助他公司的员工"过冬"。他告诉我："外企制造业的冬天来了，国内的制造业正在兴起，这导致我们的员工大量离职，而这些员工大多在公司工作了十几年，这种变化给大家带来了很大的心理冲击，现在整个行业的共识就是外企制造业的冬天来了，因此我们需要找到过冬的方法。"于是我问他："那些离开的人去了哪里？"他回复说："大多去了同行业别的公司。"我接着问："离开的那些人状况如何？"他回答："当然是得到了更高的职位和薪水。"我继续追问："那他们怎么看这个'冬天'？"他沉默了许久，深深地呼出一口气，说道："他们应该感觉是春天才对啊，他们是全新的开始。哦，天呐！可能只有我自己觉得这是个冬天。"他开始动情地诉说："我在这里工作了超过20年，亲手创建了这样一个团队，我看着他们成长起来，又看着一起共事多年的伙伴们纷纷离开，真的很伤感。我不想就这么结束了，我必须做些什么。"我问："那你向往的场景是什么样子的？""我希望看到大家像前些年那样，紧紧地团结在一起，相信在我们的共同努力下，一定可以共同帮助公司渡过难关。"他沉默了一会儿，继续说道："我想看到大家紧紧地拥抱在一起！"两周后，课程如期开展。课程结束时，所有人都紧紧地拥抱在一起，而这位总监把手搭在团队成员的肩膀上，看着大家，默默地流下了眼泪。那一刻，我看到了无声的凝聚，看到了深深的情感联结，整个集体完全处在高度同频的状态中，感受来自彼此的温暖，他们心意相通。很显然，冬天已经远离了他们。

在以上案例中，客户遇到人员流失的问题，同时客户的目标是留住人才。但在从现状通往目标的过程中，客户遇到了困难。客户已知的解决方案是学习"过冬"的能力。经过与教练对话之后，客户得到了全新的解决方案——重新凝聚人心。

在已知的层面无法解决当下面临的问题时，当客户的认知发生改变之后，原本的问题就不再是问题，客户的关注力也从原本困扰他们的现状上转换到真正有价值的目标——成长上来。教练团队的领导者就是教练他们实现自我认知的改变，支持他们从自我的已知走向自我的未知。

开场做好两件事

第一，让所有人都清楚团队教练项目的目标、流程和基本原则。

团队教练项目的目标、流程和基本原则需要教练依据客户不同的现状与需求进行提前设计，并在工作坊现场第一时间呈现给所有人，让大家明白教练在做什么，以及怎么做。教练的过程是一个开启新模式的过程，这就需要清晰的原则加以支持，否则就会掉进旧模式的陷阱。

清楚团队教练工作坊的基本原则，按照原则执行教练过程，是实现教练价值的基本保障。

团队教练工作坊的基本原则

只谈论真实的话题。

在他人的讲述过程中不打断、不评判。

尊重练习规则。

……

可以邀请参与者共创团队教练工作坊的基本原则。

第二，创造一个开放探索的场域环境。

教练团队的过程是支持团队成员进行开放探索的过程，最终能够取得什么样的成果，取决于团队的开放程度。根据过往的经验，我非常支持大家在一开始谈论一些轻松、简单又有意义的话题，主要目的是让大家能够自由表达，引发彼此的关注，建立亲和、安全与信任的氛围。

我通常希望团队成员像拉家常一样开启教练之旅，我个人很喜欢以下两组开启对话工作坊的问题，第一组很浅显且平易近人，第二组稍稍深入一点。教练可以根据现场学员的状态和自己的感知来做出选择，当然也可以使用自己擅长的方式来开启对话工作坊。

第一组问题

你每天都在忙碌什么？

忙碌的效果如何？

你感受如何？

第二组问题

在过去的半年里，你发生了哪些变化？

你是怎么做到的？

这让你对自己有了哪些新的发现？

共同开启执行流程

团体对话

利用开放且轻松愉快的对话，让团队成员开始适应对话的规则，能够自然而然地进入对话状态。

第一步：把现场的工作坊成员以 5～7 人为一组分成几个小组，邀请大家轮流回答问题，过程中不要打断和评价，保证每个人分享的完整性。（用心去聆听，所有人都分享完之后，邀请大家分享自己"听到了什么""感受到了什么"。）

第二步：集体互动分享。经过这个交流的过程，大家都听到了什么？感受到了什么？（邀请所有人自由、开放地表达。）

第三步：分享结束之后，教练分享自己的发现与觉察。教练可以重复大家使用得比较多的语句，然后表述自己看到了什么，有什么发现和觉察。（这样做的目的是帮助团队成员进一步形成对自身的觉察。）

当教练看到大家一点点放松下来，感知到所有人正在逐渐打开自己，能量正在慢慢提升时，就可以正式开始 4C 之旅了。

Common view：共识（现状、模式）

"4C 团队教练"的第一个 C 是 Common view（共识），也是"三器"中的第一器——脑（突破认知的边界），如图 11-1 所示。

图 11-1　Common view：共识

为何要达成共识

团队因为目标而存在，每个团队都有自己的目标。团队成员面对目标时的状态，取决于其所感知到的现状。如果现状能够提供足够的支持，团队成员就会对目标的实现充满信心；反之，如果现状无法提供足够的支持，甚至带来了很多困扰，团队成员就会遇到困难，也会对目标的实现失去信心。表面看起来，团队成员都在为目标而努力，实际上他们努力的目标是渴望改变现状。然而现实是，即使团队做出各种努力，现状却总是一再重复，让所有团队成员都感觉无能为力。

造成这种情况的原因有以下两个。

原因一：同一团队的成员对团队现状的看法各不相同，每个人都有自己眼中的现状，也都有各自认为的"真正重要的事情"。当一个团队在什么才是真正的问题上不能达成一致时，就失去了合作的能力。团队面临的真正问题不是问题本身，而是无法形成共识。团队合作就是为了创造性地解决问题，如果连问题是什么都无法达成一致，合作就无从谈起，无法合作的团队总会遇到各种各样的问题。

没有人能够把他人头脑中已知的信息拿走，也没有人能够改变他人的想法和看法。我们唯一能做的是帮助他人看见自我未知的部分，看见更大的图像。没有人能够否定自己所看见的，只有当我们看见自己之前没有看到的部分时，原本的想法才会发生改变。

原因二：固有的保护模式形成了困扰，因为模式总是在暗处操控一切。在无意识的状态下，所有人除了重复旧模式，几乎没有别的可能性。虽然我们经常会谈到模式，可是我们很难有机会观察到自己的模式，对于团队集体共同的模式，我们的认知就更少了，也更加难以看到。

我们无法通过告知让一个人看见他的模式。模式只能通过自我反观去看见，也只有看见自己的模式，一个人才能有意识地跳出旧模式。无论是支持团队成员看见全新的现状，还是支持团队集体看见共同的模式，都是在超越原有的认知，开启团队对未知部分的探索，这需要团队成员首先做到"知止"。只有做到了"知止"——停止头脑中原有的思考，才能进一步打开感知，从全新的视角去观察，带来全新的发现和觉察，改变开始于全新的发现与觉察。奥托·夏莫博士在《U型理论》一书中反复强调暂悬评判的重要性，指的就是"知止"。同时奥托·夏莫博士强调，这也是最难的一步。

知止、定、静、安、虑、得。

反观现状

每个人对现状的描述都是自己的观点，观点通常都是片面和割裂的。把不同的观点收集起来，是一个拼图的过程，随着拼图慢慢完成，人们会看到完全不同的真相。如同一张藏宝图被分割成了许多块，分别放在不同人的手里，每个人都会被自己手里的部分困住，猜测和推理都不管用，只有找到其他散落的部分，拼出完整的藏宝图，通往宝藏的路才会自动显现。当我们把自己的视角放到一个更大的整体中时，就会看到自我思维的局限性，就会自动放下自我预设的结论和判断（知止），开始更多有意识的探索。

当团队成员分享他们共同看见的现状时，每个人都表现得很兴奋，因为他们终于有机会让自己的视角被所有人都看到。当所有人对现状的看法都被其他人看见和听见之后，现场通常都会变得异常安静，每个人都会陷入深深的反思。

两个很重要的看见

第一，每个人的视角都是片面的，正是自我视角的片面性才制造了沟通中的障碍，割裂了团队成员之间的关系。

第二，每个人都有自己的模式，每个团队也都有自己的模式。看见暗中操控一切的模式，团队成员的关注点才能从如何改变现状转变为如何改变模式。

共识的目的——知止

团队教练工作坊是一趟团队集体共赴的旅程，只要是集体行动，就需要将共识作为最基本的前提。教练需要与团队成员达成对工作坊成果的高度共识，整个工作坊的成功都建立在共识的基础之上。

教练要支持团队进行全新的探索，就必须帮助团队成员放下固有的认知，引导所有人的关注力聚焦于当下，与整个场域环境同在，从当下正在发生的一切中去观察团队。全新的视角必然带来全新的发现与觉察，这可以帮助团队成员突破自我固有的认知，自然而然地放下固有的想法和观点，开始把关注力集中在探索新的可能性上。

支持团队成员停止原本的思考，从关注现状中的各种挑战和问题开始转向关注现状背后的形成机制——改变的整体观，实现从向外关注到向内关注的转变。

共识的执行流程

第一步：邀请每个人把自己心目中的团队现状写下来。

以 5～7 人为一组分成几个小组，大家分享各自眼中的团队现状。当一个人分享时，其他人专注地做一个真正的聆听者，不能对他人的分享进行任何评价，直至所有人都分享完自己眼中的团队现状。

第二步：把小组内所有人对团队现状的描述整理在一起，在整个过程中只收集对现状的描述，不需要做出任何讨论和评价。

注意，停止针对某个观点的讨论和评价至关重要，否则所有人都会开启保护模式，开始空谈或争论，这会导致大家失去发现和觉察的可能性。

第三步：把每个小组对团队现状的总结分享给所有人，让所有人都能够看到集体眼中的团队现状，同样不需要做太多解释，不要陷入针对任何一条信息的讨论中，所有人只需聆听，并且用心地感受。

第四步：邀请大家分享听完所有人关于团队现状的描述之后，有哪些感受，引发了哪些想法或思考。

我们往往会听到这样的分享

我发现大家有很多相同的看法。

平时没有机会这样全面地看到现状。

每个人的视角和面临的问题竟如此不同。

我认为重要的问题，别人可能认为并不重要。

换位思考很重要。

我看到了所有人都渴望改变。

……

第五步：邀请所有人共同思考与回答以下几个问题。

（1）这样的现状持续多久了？

（2）我们为了改变这些现状做过哪些努力？

（3）结果如何？

（4）为什么很多努力最终都无果？

这四个问题支持大家看到以下事实：现状中所呈现出来的问题已经存在很久了，有的甚至持续了很多年；团队中似乎总是能够听到关于这些问题的不满的声音，大家经常因为这些问题而发生冲突，想过各种办法试图解决这些问题，最终还是没能真正解决。

最后一个问题"为什么很多努力最终都无果"是一个更深层次的问题，通常团队成员很难给出答案，这就意味着他们遇到了集体认知的盲区。这样的问题能够引发更深层面的思考，从而达到"知止——停止原本的思考"的目标。

接下来教练可以分享改变的整体观，这里面既有"为什么很多努力最终都无果"的答案，也有解决问题的路径。

第六步：改变的整体观。

教练分享改变的整体观。

帮助团队成员认识到解决问题的思维无法解决问题。

达成共识——共同创造一个全新的场域环境。

聚焦于全新的对话模式——以全新的方式谈论全新的内容。

通过分享改变的整体观，教练可以帮助团队成员看到其所面临的现状背后的运作机制，明白"对话生成场域，场域生成一切"，集体的关注力就会自动聚焦于场域环境的改变上，开启对全新对话模式的探索。

在这一步，教练可以主动邀请大家分享从改变的整体观中有什么思考与发现。

第七步：STEP 对话模型。

教练分享 STEP 对话模型。

从保护模式去往联结模式——共创一个联结的世界。

STEP 对话模型概括了人与人之间的四种对话与两种模式，指出了从保护模式去往联结模式的有效路径。

教练可以主动邀请大家分享从 STEP 对话模型中得到的思考与发现。

通过分享 STEP 对话模型，在认知层面帮助团队成员理解保护模式和联结模式。STEP 对话模型能够建立团队成员对对话模式的共同认知，是整个"4C 团队教练"系统中非常重要的一个理论模型。STEP 对话模型作为一个有效的觉察工具，可以支持团队成员在今后的对话中对对话模式产生警觉。

每次分享 STEP 对话模型之后，所有团队成员都会看见自己一贯的保护模式，明白自己的对话模式才是导致关系割裂的罪魁祸首。这样的看见，令团队成员的关注力再一次转变和聚焦，所有人都把关注力转变到团队内部联结的建立上，开始聚焦于自己全新的对话模式的形成。

Connection：联结（需求、渴望）

"4C 团队教练"的第二个 C 是 Connection（联结），也是"三器"中的第二器——心（突破感知的边界），如图 11-2 所示。

2018 年底，创问的全体伙伴齐聚深圳，一起探索大家共同的未来愿景，具体描述如下：人人有爱；人们彼此关注，用心陪伴；所有的倾诉都被聆听，所有的需求和渴望得被看见；家庭和睦，社会和谐。不久之后，就有了"共创一个联结的世界"这个伟大的愿景。

联结的质量决定了团队的创造力水平。

创建联结

我们天生具备联结一切的能力，只要在合适的场域环境的支持下，每个人都能够与自我、他人、场域建立良好的联结。每个人都知道联结的重要性，都渴望与自我、他人、场域产生联结，这是所有人最基本的需求。然而，如果旧模式没有改变，只要回到原本的场域环境，无意识的保护模式就会跑出来重新割裂关系，导致前功尽弃。

图 11-2 Connection：联结

在对话过程中，一旦我们开始关注自己的想法，就再也无法如实地感知他人的想法，久而久之，我们就断开了和他人的联结。

在以自我为中心的状态下，我们都停留在自我的分析与判断中，我们听见、看见和感受到的一切都服务于自我需求，无论别人说什么，表现出什么态度，我们都无法感知到。

当我们带着先入为主的判断时，我们要么在收集自己想获取的信息，要么在以自己的标准判断所感知到的一切。一旦我们被自己的念头、感受控制，就封闭了自己的感知，完全无法感知到他人的需求与渴望，从而导致与他人断联。

联结的本质是感知——听见、看见、感受到。我们随时随地都在感知——听见、看见、感受到。局限在自我内在的感知之中，带来的是关系的割裂，只要打开感知，我们就能够创建联结。在联结部分，最重要的目标有以下三个。

自我和自我的联结：听见、看见、感受到自我身上原本一直存在却被忽略的部分；感受到自我的需求与渴望。

自我和他人的联结：听见、看见、感受到他人身上原本一直存在却被忽略的部分；感受到他人的需求与渴望。

自我和场域的联结：听见、看见、感受到场域中原本一直存在却被忽略的部分；感受到场域的能量。

我们必须先创建良好的关系，然后才能产生有效的合作。各种工作坊都首先关注人与人之间的联结，信任、理解、开放基本上是工作坊永恒的主题。如果你留意一下就不难发现，内在相互联结（关系好）的人在一起，对话会比较随意，即使他们互相挑战，彼此也能够保持开放的、接纳的状态，甚至面对彼此的挑战更加敞开自己。人是情感驱动的动物，因此拥有良好的伙伴关系非常重要，而这种关系只有在彼此联结的基础上才能形成。团队成员一直在努力尝试用各种方式去创建联结，团队定期进行团队建设、组织各种分享活动、举办无主题的聚会等，目的都是创建人与人之间的联结。

团队中的联结有着不同的深度，越能够触达深层次的联结越持久，也越能够经得住时间与问题的考验。已经建立起来的联结可能会断开，所以建立联结只是工作坊的目标之一，其终极目的是支持所有人掌握创建联结的对话模式。对话模式的转变带来的是整个团队语言、行为和思维的改变，联结模式下的语言、行为和思维会强化联结，能够产生有效的交流与互动，团队成员之间的关系也会因此越来越紧密，形成一个内在自主赋能的生态环境。

生命唤醒生命

我们说的话越大声，越不入他人耳。大声的要求甚至愤怒的吼叫只能让他人将自己封闭得更紧，无论多么振聋发聩的道理都无法传递生命的温度。人首先是一个生命体，生命需要感受到来自生命的温度才会苏醒，如同鸡蛋需要母鸡妈妈用身体来温暖才能孵化出小鸡。只有当我们成为鲜活的、有温度的生命时，他人才会被我们温暖的生命唤醒。

最近这些年，在各种自我成长的领域都非常流行故事疗愈——邀请人们分享自己的生命故事。每每提到"疗愈"，人们很容易想到伤痛，其实"疗愈"的含义远不止于此。每个人都需要被疗愈，因为每个人对自我的认知都是碎片化的，各种过往的经历并没有被很好地整合。讲述自我的生命故事，重新进行自我整理，让自我更加"合一"的过程就是疗愈。看到自我生命经历中不同碎片之间的关系，接纳这些碎片，并将它们拼接成一个整体时，是一个观察自我、重新认识自我的过程。

组织发展领域的鼻祖埃德加·沙因教授曾经分享过自己的一段经历。他每次为企业高管做工作坊时，总是在一开始的时候邀请大家分享各自的家庭情况。他说："每次都不例外，当人们开始分享这个话题时，都变得非常柔软，言语中充满了情感，大家开始关注彼此，没有评判，每个人都认真地聆听，很多人都会流下眼泪，之后的整个交流都会变得异常顺畅，人们因为彼此的情感打开而不再设防。"我通过大量的企业工作坊实践也验证了这一点，人与人之间的理解，不是源自对某一事物的互相认同，而是对彼此的背景和经历的了解。只有真正了解了一个人的背景和经历，才能理解这个人的观点或表现。

讲述自己的生命故事，看见和接纳自己的人生剧本，从中学习、反思，能够非常有效地改善自我与自我的关系。一旦我们成为自己人生的观察者，过往的一切就成了我们成长的素材，所有的经历都开始显现出意义。我们从自己的生命故事中看见自我，这种观察和反思能够带来对自我的全新认知，能够让自己重拾初心。我们越多地分享自己的生命故事，就能越多地从自己的生命经历中获得智慧。当我们爱上自己的生命故事时，就爱上了自我；当我们爱上了自我时，就开始真正爱上生活中的一切。在人生的旅程中，我们既是身在其中的经历者，又是置身事外的观察者，还是自我人生剧本的策划者与导演者。每个生命都有自我独特的意义，独一无二且不可复制，每个人和自己的生命故事之间的关系，本质上都是自我和自我的关系。

我是谁？我人生的意义是什么？我打算如何安排接下来的人生？这些问题的答案都在我们的内心，等待着被发现。人们真正需要的是被看见，一旦看见，真正的理解就产生了，人与人之间的关系也就恢复到彼此渴望的联结状态。

从保护模式到联结模式

自我与自我的联结：分享自我的生命故事，并接受周围人的反馈。经过这个过程，每个人都会从他人的视角更多地了解自我，从而对自我有更深层次的看见。感知到一个全新的自我的存在，对自我产生更深刻的接纳、更强烈的好奇心，形成自我与自我之间的联结。

自我与他人的联结：耐心地聆听他人的生命故事，通过聆听感知到他人。对他人有新的看见，增进对他人的理解，对他人产生更深刻的接纳、更强烈的好奇心，形成自我与他人之间的联结。

自我和场域的联结：扩展自我的视角，感知到场域环境中温度和能量的变化。感知到在这样的场域环境中，自我、他人正在发生的变化，感知到来自场域环境的支持，形成自我与场域之间的联结。

打开感知的通道

我们通过感知与他人及这个世界产生联结。下面首先详细讲解如何感知，然后介绍如何通过体验学习打开感知。

首先是耳朵。耳朵是用来听的，在这里耳朵最重要的职责是听见对方的语言、观点及真正想表达的内容。我们需要重新学习听什么，以及如何听。也许你会好奇：这也需要学习吗？当然！很少有人真的会听。我们的耳朵已经不诚实了，大多数人都只能听到自己想听到的，听到自己的分析和判断，为了满足自己的需求而听，很难听见他人真正想表达的是什么。真正的聆听是听见而非听懂。我们首先要放下自己的观点、需求、渴望和恐惧，然后才能听见他人的声音、语言和真正想表达的信息。

其次是眼睛。眼睛是用来看见的，是沟通中非常重要的部分。没有人需要你的建议，更加没有人需要你的评判，每个人都期待被看见。看见不仅指看到一个人的外在表现，更重要的是看到一个人内在的资源、能力、价值、资格、梦想。看见的深度决定了人们苏醒的深度。能够在不同的深度看见客户是教练的基本功，只要坚持学习和练习，每个人都能够掌握。在团队教练中，我们会邀请团队成员只用眼睛去观察讲话者外在的变化，看到对方的表情、肢体语言，以及表情和肢体语言的变化。表情和肢体语言的背后都是内在状态的变化，是心理活动无意识的外在表现，这样的看见能够帮助讲话者把无意识意识化。

最后是心。我们需要用心的感知去创建人与人之间的深度联结。感知不同于感受。例如，我心里很难过，这是一种感受。而当我意识到自己心里很难过时，这就是感知。感知只能在当下全然有意识的状态里才会发生。在对话过程中，我们要把关注力聚焦在感知对方的需求与渴望上，人们的需求和渴望是其所有行为的深层动机。只要自己的需求和渴望被聆听到，人们就会产生被理解的感觉，深度联结就在这个基础上建立起来。

联结的执行流程

体验学习：《人生奥斯卡》

我很喜欢看各种颁奖典礼，吸引我的一个环节是获奖者发言——简洁有力、充满情感。在一个电影节的颁奖典礼上，一位最佳纪录片获奖导演的发言给我留下了深刻的印象。他说:"我花了 10 年的时间拍摄,记录下了 1 000 多个小时的视频,后来我开始尝试把这些视频资料剪辑制作成一部两小时的电影,可是我遇到了巨大的挑战。因为我需要舍弃非常多的内容,而这些内容都是唯一的,剪掉了就永远看不到了。整个制作过程花费了我四年的时间,后来就有了这部获奖电影。此刻,站在这里,我想把这部电影带给我的人生领悟分享给大家。如果有一部摄像机跟踪拍摄在场每一位的人生,最终制作成一部两小时的电影,那么现场每一位的这部人生纪录片都能够获得最佳纪录片大奖,因为每部人生电影都是独一无二的、不可复制的,都是一件精美绝伦的艺术孤品。"他的发言获得了全场热烈的掌声,也深深地打动了我。我发现其实每个人都拍摄了自己的一生。我们的大脑就是一部超级摄像机,我们的双眼就是镜头。我突然想到,既然每个人的生命历程都是如此的精彩和独特,那为什么不能让大家都彼此欣赏呢?后来就有了被广为传播的"人生奥斯卡"这个对话练习。

在这个练习中,我会邀请每个人回顾自己的生命历程,从出生一直到此时此刻。可以想象一下,我们正在制作一部关于自己人生的纪录片,每个人把关于自己的这部电影剪辑成一段 15 分钟的片花,把其中最难忘的部分拿出来与大家分享,那将是多么精彩又令人难忘的体验!

第一步:聆听

首先,参与练习的人需要保证自己完全投入,只设置分享者和聆听者两个角色。所有人一起为分享者提供一个支持的场域环境,分享者讲述 15 分钟,过程中其他人不可以打断。分享完毕,聆听者按照自己扮演的角色进行反馈,反馈时间一共 5 分钟。(注意:反馈需简洁。)

将大家按四个人一组进行分组,其中一个人分享自己的"人生奥斯卡"，另外三个人作为聆听者，按照耳、目、心的功能进行分工。

第二步：反馈

每个故事讲述完毕，"耳""目""心"轮流进行反馈。

"耳"听到了什么：反馈过程中需要使用对方的语言，陈述对方所强调的观点。

"目"看到了什么：看到分享者讲述某些内容时其表情和肢体语言的变化，对这些变化所对应的语言信息给予反馈。聆听者还可以反馈——通过对方的讲述，自己所看到的画面是什么。

"心"感受到了什么：感受分享者内心有什么样的需求和渴望。听了对方的故事之后，聆听者还可以反馈自己此刻内心的感受是什么。

下一轮，更换角色，继续练习，直到所有人都体验了练习中的四个角色。

第三步：教练提问

每个人都感受到了什么？

这个练习给大家带来了哪些发现与觉察？

什么样的变化正在团队中发生？

注意，教练需要对大家的分享给予适当的总结和反馈，总体上以回放大家分享的重点为主，这样的分享可以强化体验带来的感受。

练习者的部分感悟

我原本以为自己很会听，经过这次练习，我发现自己之前的聆听其实都是评价。

我真正感受到了被听见、被看见、被理解，那种感受真的很幸福。

原来聆听有那么多层次，内容那么丰富。

我体验到了什么是被理解。

我知道自己找到了与他人联结的方式。

……

深度聆听之夜

这是一个暂停旧模式的觉察之夜，如果我们想摆脱旧模式的束缚，那一定要时刻保持对自我模式的觉察，刻意练习新模式。知行合一要求我们在行动中领悟，模式必须在实践中才能慢慢形成。如果不能有意识地实践新模式，我们就会继续使用旧模式。

每场聆听之夜的夜晚都很特别，会给参与者带来非常深刻的发现与觉察，因为这是一个真正和自我在一起的夜晚。带着有意识的觉察去聆听，必然能够带来完全不一样的发现。

设定状态：彼此关注，点头微笑，不说话。

多年前我看到一段专访，主角是一位行者，据说她去了世界上 28 个被公认为最美的地方，记者邀请她分享这段旅程中最打动她的那些经历。她说有一个地方触动了她的灵魂，那是一个非常原始的印第安人部落，打动她的并不是那里美丽的自然风景，也不是印第安人神秘的传统文化，而是他们的沟通方式。她说在那里，她第一次感受到了人与人之间真正的沟通。

下面是这位行者的分享。

真正的沟通

每天早晨，当朝阳照耀在他们居住的地方的一块巨大的草坪上时，所有人都会从自己的屋子里走出来，他们在草地上漫步，彼此关注、点头微笑，一句话也没有。在很长一段时间里，他们就这样漫步、彼此关注、点头、微笑，没有语言交流。人群慢慢散去，有人去了山里，有人去了河里，有人回到家里做家务，这里整个白天都非常安静。傍晚时分，当夕阳再一次照耀着那块大草坪时，所有人又从四面八方聚集在草坪上，他们继续在草坪上漫步，彼此关注、点头、微笑，一句话也没有，整个过程和早晨时一模一样。渐渐地，一个大家庭的人会在一大堆篝火旁围坐成一个圆圈，圆圈中间放着一个很大的木桶，里面装着他们自己酿制的饮料，类似我们喝的酒。在傍晚漫长的时光里，一个大家庭围坐在篝火边，感受着篝火带来的温暖，人们偶尔喝一口木桶里的饮料，然后传递给下一个人。他们彼此关注、点头、微笑，不说话。木桶一圈圈地传递着，渐渐地，篝火变小了，桶里的饮料也喝完了。所有人都缓缓站起身来，彼此关注、点头、微笑，一句话也没有，各自回到自己的屋子去休息了。

这位行者说："在和他们相处的日子里，每个早晨和傍晚漫长的时光，他们都会这样聚在一起，虽然不说一句话，可是我在那里感受到了人与人之间真正的沟通，真正的沟通不需要语言。"

在沟通中不要听对方的语言，要感受对方的态度。我们都知道，人与人之间的关系建立在感受而非语言上，如果关系不舒适，语言只会不断强化这种不舒适，我们需要用真正在乎对方的态度去重建关系。

在接下来的这个夜晚，所有人都需要尽可能保持静默，在与他人交流时，坚决不给建议、不评判，只是点头、微笑、不说话。如果实在需要交流，就用最简单的问题邀请对方尽可能多地说出自己的想法。

只有闭上嘴巴，我们的耳朵、眼睛和心才能打开，才能感知到正在发生的一切。当我们学会了闭嘴，奇迹就发生了。

如果你读到了这里，我建议你先停下来，感受这则故事所传递的美好感受。在接下来与家人、朋友相处的这个夜晚，记住：点头、微笑、不说话。我相信这一定是一次非常难忘的体验。

Courage：勇气（价值观、愿景）

"4C 团队教练"的第三个 C 是 Courage（勇气），也是"三器"中的第三器——腹（突破觉知的边界），如图 11-3 所示。

图 11-3　Courage：勇气

我们知道团队面临的问题和挑战都是内在的割裂所导致的。团队教练的旅程走到这里，团队成员经过深度对话创建了内在的联结。当团队成员建立了彼此之间的联结，形成一个真正的利益共同体时，原本困扰团队的问题和挑战就不复存在了，此刻团队已经摆脱了原有的问题思维，准备好面向未来更大的可能性展开探索。

未来拥有更大的可能性，同时存在未知。面对更大的可能性，需要更大的能量；面对未知，需要拥有战胜恐惧的勇气。在教练团队勇气的环节，教练需要做的是支持团队成员探索：价值观——对团队真正重要的是什么；愿景——团队渴望实现的未来画面是什么。最后，经过直接表达，教练使团队成员在价值观与愿景层面高度同频，激发出团队的内在潜能，提升团队整体的势。

"勇气"部分的三个目标

释放出团队内在的潜能，提升团队的势。

支持团队成员掌握有效的赋能方式。

打造同频共振的团队。

释放团队内在勇气的方式

彼此看见：一个人的资源、能力、价值、资格、梦想如果能够被看见，其内在的勇气就会被唤醒。

直接表达：每个人只要表达了自己的角色、意图和信念，勇气就会被释放出来。团队集体的价值观与愿景能够带来勇气。

交流情感：表达感谢与歉意，这样的表达本身就是有勇气的表现，能够让团队成员感受到勇气。

直接表达

我们经常会说："有话直接说。"每个人都希望能够直接表达自己的看法、需求与渴望，然而直接表达并没那么简单。并不是所有人都能够做到直接表达，因为人们有评判自我、评判他人的习惯，大家都害怕自己的表达会给他人带来误会，也害怕他人对自己的看法，于是无意识地压抑自己的直接表达。大多数人在对话中都会表现得小心翼翼，没有直接表达的勇气，也就很难形成富有创造力的对话。直接表达必须建立在联结的基础上，而且要得到场域环境的支持，如果场域环境不支持，那么直接表达只会引发冲突，导致对话双方彼此封闭。只有停止保护模式，在开放的、允许的联结模式下，团队成员才有可能"有话直接说"。

直接表达的价值

首先，直接表达本身就是有勇气的表现，这会激励他人变得有勇气，直接表达自己的想法。

其次，直接表达代表了信任，除非在一个充满信任的场域环境中，否则直接表达不会发生。

第三，直接表达更容易被理解，从而将沟通上的偏差降到最低。

最后，有效的直接表达能带来效能的提升。

在一个充满生命力的场域环境中，团队成员能够直接表达自己的需求与渴望，展现出前所未有的勇气。

在团队教练工作坊中，团队建立了深度联结之后，需要让团队成员直接表达，释放出每个人内在的勇气，团队会因此变得更加高大。此刻团队的势得到极大提升，为接下来设定高大而坚定的目标打下坚实的基础。

直接表达感谢与歉意：直接表达感谢能够直接赋能他人，让他人感受到被看见、被认可，感受到自我存在的价值，这是最直接、最深刻的情感互动。感谢还能够让他人变得高大且富有勇气。

直接表达歉意可以消除之前的误会，令人与人之间沟通的管道保持畅通。如果我们的行为让他人不适，而我们又没有为此表达歉意，那么这些不适就会留存下来，最终积累成双方之间的一堵墙。表达歉意需要巨大的勇气，这也会带给他人面对自我、面对关系的勇气。

感谢与歉意展现的是人性中最温暖、最柔软的部分，能够快速提升人与人之间关系的温度。同时，表达感谢与歉意需要拥有显示自己脆弱的一面的勇气，这份勇气会让人与人之间变得更加信任与安全。通过直接表达感谢与歉意，人们会惊叹："没想到我无意中的语言、行为会给他人带来如此大的影响；我早已忘记的事情，却被别人牢牢地记住。"人们还会惊讶地发现：每个人都能记住别人给予的看起来微不足道的支持，而忘记别人带来的那些不开心的经历。随着对话的展开，过往经历中那些饱含情感的时刻被重新开启，人们内心的情感开始流动，很多人会流下喜悦的泪水。人们拥抱彼此，隔阂消失，每个人内在的生命力都被温暖、被激活，焕发出勃勃生机。

接下来是结晶整个团队的价值观和愿景的最好时机。

价值观：对我们来说真正重要的是什么？团队价值观对团队合作有着重要的指导意义，清晰的价值观能够为团队成员提供语言、行为和思维的标准。从内在形成统一的价值观标准，能够提升团队整体的价值感，价值观的高度一致还有助于形成团队内在的秩序。

愿景：我们渴望实现的图像是什么？图像能够直接激发人们的内在状态，清晰的未来图像能够释放出团队的热情，为团队的行动提供动力。愿景清晰一致，带来的是团队成员的高度同频共振。

直接表达角色、意图、信念：团队要形成真正的合作，需要每个人扮演不同的角色，团队中的角色不同于组织架构赋予的角色，前者往往是基于每个人的特长及其对团队的贡献自主设定的。当团队通过内在的联结形成一个完整的整体时，所有人自然会回到正确的位置，看到自己在团队中的角色，从而有了责任和担当。

奥托·夏莫博士说过："意图不是最大的创造力，意图是唯一的创造力。"积极的意图可以引领积极的创造，带来集体势的提升。每个人都有自己的意图，清晰的意图能够赋能行动，意图的表达可以带来团队的势。可以支持意图变得清晰的问题有：我到底为什么来到这里？我想创造和贡献什么？我决意为团队做什么？

信念是坚定地相信。因为信念是过往成功经验的结晶，所以信念的表达能够带来人们对成功的相信，能够鼓舞团队成员。指向信念的问题有：我相信我所做的能够给团队带来什么？我相信我所做的能够给我自己带来什么？

赋能的四个层级

对话是最直接的能量交互，不同层面的语言对应不同的能量层级，带来完全不同的能量。语言的赋能分为四个层级，不同的人有着不同的心智成熟度，赋能的语言要能够匹配对方所在的层级。如果赋能的方式无法匹配对方所在的层级，非但不能赋能对方，还可能带来彼此无法理解对方的困扰。

第一层级：表扬、赞美和鼓励。这是一种输入式能量，简单直接，来得快，去得也快，通常应用在婴幼儿身上。通常对于心智年龄 3～4 岁的婴幼儿，应该尽可能地给予赞美、表扬和鼓励。这能够让他们感受到自己被充分地支持和允许，感受到外部世界安全且友好，建立和这个世界之间的良好关系，这会给他们心智的成长和身体的发育带来很大的益处。

以自我为中心的赋能，赋能者会更加高大，直接把能量输给对方，这样的方式简单有效，可是一旦失去外在的赋能，对方就会缺乏能量。

第二层级：认可与肯定（语言、行为、思维）。我们用语言、行为和思维与这个世界互动，那些没有被认可与肯定的语言、行为和思维会慢慢失去能量，只有那些得到认可与肯定的语言、行为和思维才会得到延续下去的能量，不断地重复，最终成为无意识的习惯。我们的许多习惯都是在 6～7 岁之前建立起来的，如独立思考、保持长时间的专注、阅读、换位思考、自我反思等习惯。形成了积极的习惯，之后的行为就会被积极的习惯强化；没有形成积极的习惯，之后的行为就会被消极的习惯强化。

认可与肯定是以能看到的表现为对象的一种赋能方式，目标是养成正确的语言、行为和思维习惯。

第三层级：看见（资源、能力、价值、资格、梦想）。没有人需要你的建议，更加没有人需要你的评判，所有人都期待被看见。看见一个人并非看见其外在表现，而是看见其内在——资源、能力、价值、资格、梦想，看见每个人都有能力实现自己的梦想，看见每个人都有资格成为自己想成为的人。在这个层面的看见，能够为一个人内在的成长赋能，释放其内在的潜能，为其带来势的提升。

每个人都走在不断认识自我的路上，我们对自我的认知取决于外界的反馈，失去了有效的反馈，我们就会对自我产生误解，甚至根本不了解。一个人之所以迷失了自我，找不到前进的动力，往往就是因为在自我认知层面不够清晰。一个人在 16~18 岁时就应该形成完整的自我认知，这会让其成为一个真正独立自主、自行负责、内在的生命力被唤醒的人。

第四层级：关注、陪伴、支持。 那些拥有独立的自我认知、清楚自己的内在资源、建立了完整的内在标准的人，真正渴望的是兑现自己的想法。能够给予他们最大赋能的方式是关注、陪伴和支持。关注——我看见了你，你是最重要的。陪伴——我在这里，和你在一起。支持——做你自己，成为你想成为的人。一个人在成年之后，需要为自己的想法和行为负责任。成年人会按照自己的意志生活，经历该经历的一切，不恐惧未知，不害怕失败，努力探索自己的内在潜能，把实现自我生命价值的最大化作为毕生的使命。

"4C 团队教练"通过释放团队内在的勇气，帮助团队成员超越面对未知的恐惧，突破阻断团队潜能释放的最后一道障碍。勇气的释放形成团队的势，势生成团队的志——坚定且高大的目标。至此，团队打开了认知、感知、觉知，树立了积极的信念，激活了内在的生命力，全新的团队旅程就此展开。

重新定义

一个有着更高的势的团队对一切事物的认知都会发生变化。我们需要通过重新定义，把团队成员对自我、他人和场域的全新认知确定下来，这是一个所有人共同确认新的自我形象的过程。通过一系列重新定义，整体的变化将被有效固定下来。

首先，重新定义自我。小时候，我们学习什么、体验什么，甚至睡前听什么故事，都是父母决定的，这是我们人生故事的开始。随着我们慢慢长大，自己的思维开始形成，我们就有了选择，开始选择以自己喜欢的方式书写自己的人生故事。我们所经历和创造的一切只是我们的人生故事，不是真正的自我，没必要太较真，关键是当下的角色和未来的选择。

有的人来到一个陌生的场域环境，听了他人的成长故事，读了一本新书，借助全新的视角看见了不同的自我，创建了全新的自我认知。而大多数人却没有如此幸运，因为思维的改变是一个需要不断冲击和重复的过程，就如同开辟一条新的路，需要不断推进、拓展、夯实。自我定义的改写需要持续不断的行动，每个人都可以自主决定用什么方式去书写自己的人生故事——重新定义自我。

面对未来，成为一个总是充满选择的人，这比什么都重要。

其次，重新定义他人。每个人都希望听到别人对自己的看法，这也是一个人认识自我的重要途径。许多人在一起共事很久，彼此心里都有许多对于对方的认知，可是一直以来采用的沟通模式让他们没有机会谈论。没有了人与人之间的反馈，不仅人的重要性被忽略了，更重要的是人们失去了认识自我的机会。

在执行团队教练的过程中，教练让每个人都有机会通过更加丰富的视角观察彼此，通过看见、听见、感受到他人，增进团队成员彼此之间的了解。教练引发团队成员思考并回答以下问题：对团队伙伴有哪些新的发现？他能给这个团队带来什么？在他人身上看到了哪些宝贵的特质？通过表达对彼此的看见，每个人都会重新观察自我，看见并感受到每个人在团队中的重要性。团队成员之间以积极的视角互相反馈，引发彼此之间更多有意识的互相关注，这会释放出团队中积极的能量，创造出一个充满认可与肯定的场域环境。

再次，重新定义团队。团队集体描述"这是一个什么样的团队"，把全新的团队形象定义下来。定义全新的团队形象，犹如宣告一个全新的团队正式成立，这是团队教练的核心成果之一。一旦团队被重新定义，旧的团队就随之消亡。需要注意的是，在重新定义团队时，团队成员需要明确的是"这是一个什么样的团队"，而不是"希望我们成为一个什么样的团队"。

最后，重新定义现状。现状永远充满了各种可能性，卡住我们的永远不是现状，而是我们对现状的看法，是现状中关系的割裂。经过共识、联结、勇气三个环节，再经过对自我、他人、团队的重新定义，此刻的团队和一开始相比，其内在的状态和成员之间的关系都发生了深刻的变化，团队的语言、行为和思维全部随之改变，从"没有办法"到"富有选择"。因此，当团队成员再次反观现状时，对现状的解读也随之发生改变，许多原本困扰大家的问题消失不见了，取而代之的是各种全新的可能性。

勇气的执行流程

第一步：直接表达感谢与歉意

这是一个适用范围很广的练习，只要涉及关系的建立，这个练习就适用，它能带来超乎想象的效果，能够以最直接的方式突破原有的隔阂，建立互相接纳与支持的关系。

首先是直接表达感谢，所有人围坐成一个圆圈，大家轮流向其中一个人表达："谢谢你！我记得你曾经……（说过或做过的具体的小事情），这令我感觉……"

这里强调"具体的小事情"，事情要小，要具体且清晰地还原当时的情景。小事情能够映射出人们真正在意的东西。往往我们不经意间的一个小小的举动或一句话就能给他人带来温暖、信任和信心。

这一步由多人进行（可视情况分组），有多少人，就进行多少轮，直至每个人都向所有人表达一次。

表达歉意的对话如下。所有人轮流向其中一个人表达："对不起！我记得我曾经……（说过或做过的具体的小事情），这令我感觉……"（表达歉意的执行标准同上。）

集体分享：从这个练习中有什么发现与收获？

第二步：邀请所有人分享

（1）我在团队中的角色是什么？

（2）我决意为团队做什么？

（3）我相信我所做的能给团队带来什么？能给自己带来什么？

第三步：邀请大家自由分享

（1）此刻你想对大家说些什么？

（2）你感受到了什么样的变化正在发生？

第四步：重新定义一切

重新定义自我

从以下三个方面重新定义自我。

（1）角色：我在这个团队中担当什么样的角色？

（2）意图：我决意为这个团队做什么？

（3）信念：我相信我所做的能给这个团队带来什么？我相信我所做的能给我自己带来什么？

重新定义他人

以下是用来重新定义他人的问题。

（1）你从团队伙伴那里听到了哪些之前没有听到的信息和观点？

（2）你看到了哪些之前没有看到的事实？

（3）你感受到了哪些之前从未有过的感受？

重新定义团队

可以用下面四个问题重新定义团队。

（1）我们感觉到团队中发生了什么样的变化？

（2）什么是对这个团队真正重要的？（价值观）

（3）我们渴望实现的图像是什么？（愿景）

（4）这是一个什么样的团队？

重新定义现状

这是重新定义的最后一个环节，也是含义最深刻的一个环节。

邀请大家重新回到最初写下的那些团队的现状面前，再一次反观，重新评价其中的每条信息。

（1）此刻你对现状的整体感受和一开始有什么不同？

（2）有哪些问题或困扰已经消失？

（3）请小组成员共同重新书写现状，重新定义全新的现状。

（4）从旧现状到新现状，改变是如何发生的？

（5）小组集体探索通往目标（更大的成功）的路是什么？

至此，"4C 团队教练"完成了闭环，实现了团队集体从旧的语言、行为和思维到新的语言、行为和思维的转变，这也意味着生成了全新的场域环境，团队共同创造了全新的团队和全新的现状，这一切必将生成全新的团队行动。

Co-create：共创（策略、目标）

"4C 团队教练"的第四个 C 是 Co-create（共创）：用行动迈入未知——手（突破已知的边界），如图 11-4 所示。

图 11-4　Co-create：共创

只要是需要多个人合力完成的工作，就离不开共创。随着工作分工越来越细，合作中的共创越来越重要，共创已经成为团队合作的一项基本能力。任何形式的共创，如果没有突破自我中心，没有建立在联结模式的基础上，最终很难产生真正有价值的想法，反而很可能强化保护模式，割裂关系。一群想法大致相同的人很难共创出具有突破性的策略。人们想法之间的差异越大，思维方式越不同，共创出来的策略往往越能带来认知上的拓展，当然共创的难度也越大。

为了支持有效的共创，我们发展出了许多高效共创的技术，传播比较广泛的有世界咖啡、超级市场、头脑风暴、引导技术等。这些技术的应用带来了共创效率的提升，帮助人们有效打开思维，创造出许多全新的想法。真正的共创需要探索全新的可能性，需要我们拥有面对未知和可能失败的勇气，只有经过深度联结，释放出团队的勇气，我们才能在一个更高的能量状态下共创。

传统的共创方式大多采用从现状到目标的线性思维，聚焦于提升共创的效率，把问题的解决作为共创的核心，最后取得的成果往往都是无效的。在共创过程中，如果团队成员停留在各自的中心，忽略了人、关系、场域等要素的影响，无视模式对人的影响，在离开共创的环境之后，他们的沟通与互动模式就会马上恢复到以前的水平，人没变，模式没变，一切都没变。

共同创造

"4C 团队教练"重新定义了共创的过程，每次集体共创都经历了建立共识、创建联结、释放勇气、共同创造，这不仅能够提升共创的质量，还能利用每次共创的机会强化团队成员内在的联结，释放出团队更大的潜能，让共创从外在的成果和内在的成长两个层面都得到体现，形成积极正向的强化。

我们必须再次强调，所有的问题都是整体的问题，真正的改变是整体的改变，整体不变，局部只能是暂时的变化，整体会让一切回归到整体自身所在的水平。

策略

在通往目标的路上，团队需要一套有效的策略，以确保团队成员集体行动的有效性，提升团队合作的效能。

策略的特点

策略的意图清晰，意图是唯一的创造力。

策略需要步骤清晰，知所先后，则近道矣。

策略的重点要清晰，确定能够撬动整体成功的支点。

策略需要坚定地执行，在行动中不断修正。

通常策略需要围绕联结与赋能，为团队的成功提供保障。

目标

以终为始，目标是终点，更是起点。

志指坚定的目标，当团队面对目标，拿起志在必得的信念时，就已经成功了。一个有志的团队会以目标为起点规划未来的行动策略，一切行动都基于最大的可能性与团队潜能、潜力的实现展开。

共同创造的执行流程

第一步：共创策略

小组共同探讨：制定这套策略的意图是什么？

团队通往更大成功的路是什么？

保证团队走在正确的路上的策略是什么？

整个策略的支点是什么？

如何确保策略得到有效实施？

（小组共创并展示。）

第二步：共创目标

目标有两个来源。

（1）围绕新现状进行探讨，为了推动现状的持续改善，接下来的改变应该从哪里开始？

（2）直面团队原本的目标，围绕着大目标拆解出阶段性目标。

第三步：行动计划

（1）围绕目标的达成，结合策略。

（2）制订清晰有效的执行计划。

（3）快速行动，持续迭代。

目标设定的原则

全新的尝试。

小而具体，清晰且可衡量。

清楚目标的实现能为更大系统的进化创造什么价值。

不需要太多的资源支持。

可以马上行动，从行动中学习。

允许失败，从失败中学习。

目标以三个月为一个周期。

Change：改变

Change：改变如图 11-5 所示。

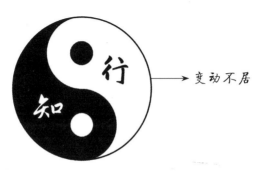

图 11-5　Change：改变

这里的改变指团队合作模式的改变，除非团队的合作模式从保护模式转变为联结模式，否则现有的关系将持续被保护模式所割裂。新模式无法在短时间内形成，需要大量的刻意练习，直至成为优势模式，团队的合作模式才会真的发生改变。这里面有两个关键点，一是刻意练习，二是大量练习。要做到刻意练习，需要保持有意识的状态，只有在有意识的状态下，我们才能从旧模式的"手"中拿回对自我的掌控权，开始专注于新模式的练习。大多数时候，我们学习新技能只是浅尝辄止，很少能够达到娴熟的水平，能将新技能发展成为自我优势模式的就更少了，这不是因为我们学不会或不想学，而是因为能量难以为继。

我们必须看到，无论是保持有意识的状态，还是保持大量练习，都需要持续消耗大量的能量。如同前文提到的烧水的例子，只有输入的能量高于耗散的能量，才能将水烧开。我们若想支持团队形成新的合作模式，一方面需要持续的能量输入，另一方面需要减少能量的耗散。

能量的四个来源

赋能——信息、情感的流动。团队系统中的信息与情感携带能量，信息与情感的流动形成团队内在能量的流动。能量只有流动起来才能创造价值。有效的联结是能量流动的管道，联结带来自我与自我、自我与他人、自我与场域之间的能量流动。在一个联结的场域环境中，人们可以自我赋能，人与人之间可以相互赋能，也可以通过场域环境获得能量。

激活——自我驱动。归根结底，人是自我驱动的，最大的能量来自每个人自身。每个人都有巨大的潜能，这是来自自我内在的能量，一旦这个能量被激活，我们就开始了自行负责与自我成长。什么能够激活我们内在的潜能呢？是成就感，那些为了成就感而工作的人，会因为潜能被打开而自带动力，那些能够从工作中获得成就感的人，会热情且不知疲倦地工作。成就感和未知有关，重复已知只会让我们慢慢失去热情和动力，无法获得成就感，只有在未知的领域，我们才能感受到兑现自我的想法与自我成长所带来的成就感。

熵减——生命力。 让我们回归管理的核心命题——对抗熵增。我们既要能为团队提供带来熵减的因素——联结与有序，也要能减少导致熵增的因素——孤立与无序。

我们所面临的孤立都是因为被已知所困造成的，我们所面临的无序也都是自我的已知造成的。只要我们停留在自我的已知中，就会不断加剧孤立和无序。只有突破已知的局限，迈入未知，我们才有可能突破孤立与无序，进入联结与有序的状态，生命也才能获得负熵的滋养，开始自我的成长——这是生命本身的意图。

在团队系统中，无论是个体还是整体，最高的有序性均表现为思考和行动的有序性，无序都是由思考与行动所构成的冲突形成的。

思考与思考的冲突：不同的想法和观点容易形成冲突，思考上的冲突让人们掉进思考的陷阱，无论是一个人自我思考的冲突，还是不同人之间思考的冲突，都会加剧无序，带来能量的大量消耗。

思考与行动的冲突：只要我们用思考指导行动，就是在围绕已知开展行动，无论是把思考视作行动的标准，还是把行动视作检验思考的方法，最终都会形成思考对与错的冲突，加剧内在的无序。

放下思考，带着觉知行动，大脑不再是指挥者，也不再是学习者，而是成为自我的观察者。当我们能够超越思考的局限，带着一种全然无知的状态行动时，每次行动都成为对未知的探索，这会促使我们保持觉知的状态。在觉知的状态下，一切又是浑然未知的，觉知与行动开启了互相促动的循环。这种循环超越了由于思考的对与错所制造的混乱，表现为高度的有序性，形成熵减。

这种有序性的最高境界就是知行合一。

道——能量的源头。 知行合一指停止已知的指导，放下已知，让整个人回归到全然未知的状态，在这样的状态下，所有的行动都是对已知的扩展。当我们停止已知的指导时，就停止了所有内在的混乱和冲突。

知行合一是觉知之后的一种状态，这种状态摆脱了模式的控制，超越了自我原有的信念系统，没有过去，也不惧未来，所有的关注力都聚焦于当下的行动，持续保持有意识的发现与觉察。我们用行动同频事物的发展规律，自然而然地发生变化，毫不费力又无比高效。

从无意识到有意识，是每个人达到知行合一所必经的进化之路。无论是无意识的思考，还是无意识的行动，都会让我们陷入被动失察的境地。除非有意识，否则知和行就会被割裂。

知行合一是能够成就一切的能量，是道，是能量的源头。

持续进化

变化一直在发生，然而真正的改变却来之不易。顽固的固有模式、更大的系统的自我强化，以及场域环境的自我稳定性，都会给团队的改变带来挑战。当我们学习了新的技能之后，不要急于改变原本的系统和场域环境，而要为自我新模式的形成营造一个刻意练习的场域环境，开展大量的刻意练习，直至使其成为新的优势模式，真正的改变才得以发生。

改变和未知有关，这是面向不确定性的探索，必须经过不断尝试、不断调整的过程，边行动、边学习。我们只需要制订第一步行动计划，快速行动，然后进行复盘总结，决定下一步的行动计划，再展开快速行动，直至整个过程完结，总结收获，并将学习经验推广应用到更大的系统中。接下来，明确下一个能够支持团队迈入未知的目标，一次次迈入未知，一次次探索未知，带来团队潜能的持续释放，最终形成一个能够在不确定性中不断自我进化的团队。

至此，"4C 团队教练"的旅程就要画上一个圆满的句号了，没什么比用收获来完结一次旅程更有力量了，把感性的体验用理性的总结呈现出来，整理所有人的学习收获，在认知层面进行结晶。

总结收获

这两天的学习引发了什么样的改变？

这样的改变是怎么发生的？

在这两天的学习中收获了哪些成果？

在意识层面创建觉察。

在今后的对话中，做什么？不做什么？

创造持续的改变（团队的进化）。

我们在工作中如何引发集体语言、行为和思维的改变？

还可以将这些学习成果应用在今后工作和生活中的哪些方面？

微习惯

这个世界上没有什么大事情，小事情积累多了，就成了大事情。

有时候，我们特别希望一觉醒来变成另外一个人。然而，即使我们痛下决心，如果没有富有耐心的一小步一小步的积累，任何变化都不会发生。停止日复一日的无意识重复，每天为自己留出一点时间，有意识地做那些从来没做过的事情。一种新模式的养成也绝对不是一蹴而就的，需要耐心，更需要不断练习。

有一天，你会发现自己和以前判若两人。

微习惯的原则

（1）全新的尝试。

（2）具体而微小。

（3）不占用太多的时间和资源。

（4）马上就可以行动。

（5）顺其自然。

工作坊流程执行一览表如表 11-1 所示。

表 11-1　工作坊流程执行一览表

执行流程	执行步骤	执行标准	执行成果
达成共识	共同开启	从现状到目标 停止评判与评价	定向——朝向未来 达成共识
	引领反观	语言 行为 思维	看见模式
联结	打开感知	自我 他人 场域	需求与渴望
	创建觉察	感受 关系的变化	形成利益共同体
勇气	提升势	角色 意图 信念	共同价值观 共同愿景
	重新定义	重新定义团队 重新定义现实	全新的现实
共创	生成式对话	语言 行为 思维	策略——潜力 目标——未来
	集体意识的进化	新的发现与觉察 积极的循环	成长与收获 共同语言
改变	开展行动	行动——思考 知行合一	集体共修 有意识的对话 积极持久的改变

"4C 团队教练"的结晶

团队成长曲线

"4C 团队教练"的团队成长曲线如图 11-6 所示，整个团队教练过程沿着这条成长曲线展开探索，每个节点都是团队集体探索的结晶，最终形成团队文化的一部分。这也将成为团队成员开展合作的基础共识，推动团队今后的语言、行为和思维的持续自我进化。

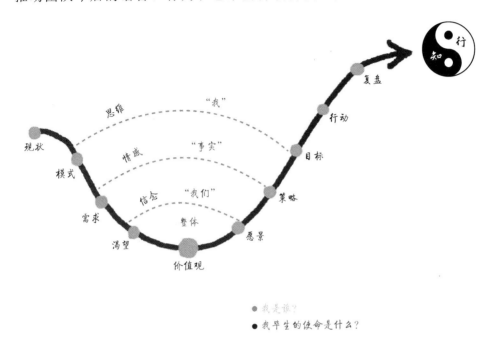

图 11-6 "4C 团队教练"的团队成长曲线

第 **12** 章

"4C 团队教练" 之 "器"

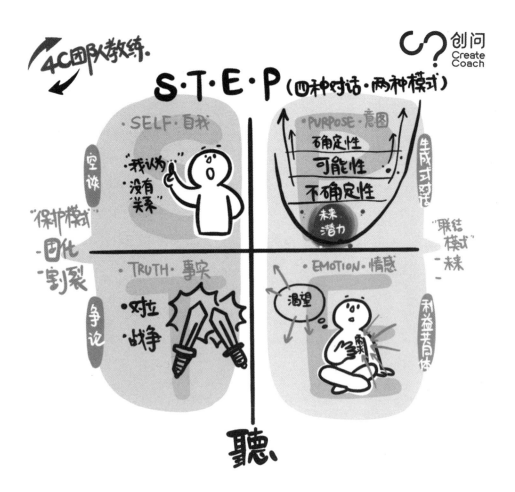

器——工具，用以提升效率。

教练一个团队就是创建一个让全新的对话发生的场域环境，促使团队成员停止无意识的自我表达，唤醒团队成员对自我对话的内容和方式保持有意识的发现与觉察，支持团队成员以正确的方式谈论正确的内容，直至形成新的对话模式。

对话对团队的重要性不言而喻，团队中的每个人都需要通过对话与他人交流信息、创建联结，大量的工作都需要通过对话开启和推进。然而，团队对话经常进行得很艰难，真正能够达成共识的对话少得可怜。我们经常看到，在一次次对话中，人们争论得面红耳赤，甚至不欢而散。许多对话在无意识中充斥着倾诉、说服、影响与掌控，制造了对立与冲突，割裂了团队成员之间的关系。对话中的争论只能给彼此带来伤害，强化关系的割裂程度，形成消极的循环，绝不可能有助于达成共识，更不用说共创了。许多对话还没有开始就已经结束了，原因很简单：对话的方式错了，错误的方式怎么可能带来正确的结果呢？失去了真正的对话能力的团队，只会慢慢地成为一片死寂的荒漠。

团队教练之"器"——STEP 对话模型，为团队对话提供了有效的标准、方法与工具，可以用于团队对话的整个过程，并支持团队成员随时觉察到自我对话的内容和方式。运用 STEP 对话模型的对话，能打破认知、感知、觉知的边界，支持团队成员之间的关系从保护模式走向联结模式，能为团队对话带来创造性的成果，带来持久而积极的改变。

STEP 对话模型的由来

对教练课程的学习让我认识到聆听的重要性，以及如何有效地聆听。在进化教练的系统中，将聆听分为不听、带着观点聆听、选择性聆听、带着同理心聆听与深刻聆听。在不同的层面聆听，所带来的教练对话效果有巨大差异。后来我又接触到奥托·夏莫博士，我认为他是一名真正的教练大师。在《U 型理论》一书中，他把聆听分为以下四种类型。

第一种聆听叫作"下载"：一边听一边再次确认惯有的评判。

第二种聆听叫作"客观聆听"或"听取事实"。这个层次的聆听关注时事，以及新奇的或与自我看法相左的事情。

第三种较深层次的聆听是"同理聆听"。当我们进行实质性的对话时，如果集中注意力，就会觉察到我们聆听的源头发生了显著的变化。

第四种深层次的聆听更加安静、更加当下、更加真我。这时我们已经联结到了一个超越自我的东西。

奥托·夏莫博士将这四种类型的聆听所对应的四种对话分别称为空谈、争论、理解和生成。我在"4C 团队教练"中应用了这四种对话，结合教练对对话的理解，尤其是教练在探索未知领域的独特优势，形成了本书中的 STEP 对话模型。

STEP 对话模型

STEP 对话模型是本书非常重要的理论模型，是支持对话模式改变的高效工具。任何新模式的形成都需要大量的刻意练习，练习的过程离不开工具的支持。

首先，STEP 对话模型是一个觉察的工具，应用在对话过程中，可以随时帮助我们看见自我的对话模式，唤醒有意识的觉察，支持对话从保护模式去向联结模式。在 STEP 对话模型的支持下，我们可以绕开无意识的保护模式的陷阱，让对话能够有意识地强化联结模式。只要经常使用 STEP 对话模型，经过反复使用和刻意练习，新的对话模式就会形成。

其次，STEP 对话模型拥有一套完整的对话逻辑，四种对话之间的逻辑关系可以指引对话逐步深入，增进对话双方彼此之间的理解，创建人与人之间的情感联结，并在此基础上达成共同创造未来的目标。

最后，STEP 对话模型还是一个强有力的教练流程，按照 STEP 的流程开展教练，能够使教练的过程简单有效，是初学者的一个极佳的教练辅助工具。

STEP 对话模型的四种对话和两种模式如图 12-1 所示。

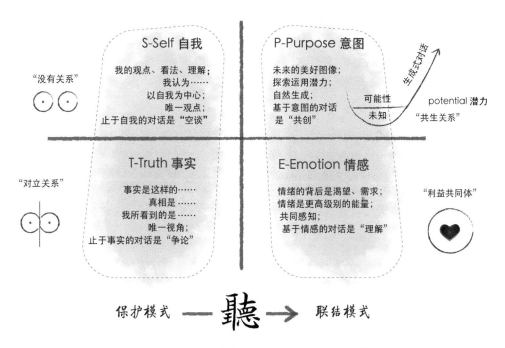

图 12-1　STEP 对话模型的四种对话和两种模式

四种对话

对话通常在四个层面（自我、事实、情感、意图）开展。在这四个层面，对话的内容和方式不同，所创造的对话成果也截然不同。四种对话如下所示。

- 自我（Self）：止于自我的对话是"空谈"。

- 事实（Truth）：止于事实的对话是"争论"。

- 情感（Emotion）：基于情感的对话是"理解"。

- 意图（Purpose）：基于意图的对话是"共创"。

第一种对话：自我

自我的内涵

每个人对事物都有自己的观点与看法。

每个人都需要表达自己的观点与看法。

没有两个人的观点和看法完全一致。

每个观点和看法都有价值。

所有的观点和看法都需要被听到，不需要被评判。

接纳别人的观点和看法是最起码的尊重。

我们可以从别人的观点和看法中得到全新的学习和发现。

听见不同的观点和看法可以让我们变得灵活。

每个人都有一个自我，在无意识的状态下，我们会把一切交给这个"自我"去处理，表现为以自我为中心和自以为是。在以自我为中心的对话中，我们会不断强调"我的"，整个对话过程充斥着"我的"观点、"我的"理解、"我的"看法，对他人的表达压根就不感兴趣，完全无视他人的观点和看法，听不见他人真正想表达的是什么。这样的对话最终只能是空谈。

哪些情景会引发空谈

谈论的事情对自己无关紧要，只是为了打发时间而交谈。

总要说些什么，要不然会冷场，为避免尴尬而交谈。

以展现自我为目的，为了引发别人的注意而交谈。

为了维护自我的形象和利益而交谈。

彼此不信任，没有安全感，自我保护，隐藏自我真实的想法，避免冲突。

在以自我为中心的对话中，表面看起来每个人都在表达自己的观点和看法，实际上人与人之间都保持着遥远的距离，为了交谈而交谈，无法触及有实际意义的话题，彼此也绝对不会开放自己的真实想法。这样的对话只是在浪费时间，无法带来任何新的思考或觉察。

止于自我的对话是空谈，它们不断强化人与人之间的距离感，形成的人与人之间的关系是"没有关系"。

第二种对话：事实（Truth）

事实的内涵

对事实的描述。

具体发生的事情及细节。

具体做了些什么。

听到和看到了什么。

千万不要否定别人眼中的事实。

事实最接近真相，事实越全面，真相越清晰。

内在状态与反应、感受、对自我的看见，都是事实。

每个人都需要被认同，这就需要从接纳不同的观点开始。然而，不同的人对同一件事情的观察和思考都不一样，能否认识到这种不同的合理性和重要性，决定了我们与他人对话的质量。如果观点不被接纳，我们就会摆出事实来证明自己的观点。如果事实被否定，我们就会表现出情绪，因为事实是无法被否定的，不接纳事实，那就摆明了双方的对立。否定别人眼里的事实会带来争论，人们会誓死捍卫自己眼里的事实，争论就此产生，对话双方形成对立关系。

只要对话陷入争论，最终的结果就是谁有力量谁说了算。在组织中，"官大"的人说了算，没有人会愚蠢到和比自我职级更高的人争论；在家庭中，"声大"的人说了算，人们会刻意回避冲突，避免情绪带来的冲突升级。争论的次数多了，就会有人逐渐退出这种彼此伤害的关系，当被问及有什么看法时，人们不说"有"，也不说"没有"，而是表现为沉默。为什么会这样？因为即使说出来最终的结果也不会被接纳，说了也没用，渐渐地，就没人说了。

止于事实的对话是争论，争论带来伤害，进一步加剧对话双方之间关系的割裂。

第三种对话：情感（Emotion）

情感的内涵

情绪/感受。

接纳和理解是基于对情绪/感受的接纳与理解。

情绪和感受的背后是渴望与需求。

感知到情绪/感受是联结彼此的开始。

情绪/感受没有好坏对错之分。

情绪/感受是一个人过往经历留下的身体记忆。

情绪/感受是通往深度对话的通道。

我们之所以要与他人对话，是因为我们有需求和渴望，我们希望自己的需求能够被对方听见，自己的渴望能够得到对方的理解和支持。如果我们的需求和渴望被聆听到，表达的目的就达成了，我们就会产生被理解的感受；反之，如果我们的需求和渴望没有被聆听到，我们就会非常失望，不好的情绪或感受就会随之而来。

需求被聆听到，我们会产生被认同的感受，感受到自己被接纳；需求不被聆听到，我们会很失落，从而表现出强烈的无力感。

渴望被聆听到，我们会感受到被支持，会释放出更大的能量；渴望不被聆听到，我们会产生强烈的对抗，表现出焦虑和愤怒的情绪。

不被理解会让人感觉很压抑、愤怒，甚至孤独无助，这会严重破坏人与人之间的关系。一旦感受到被理解，我们就会觉得自己所有的努力和付出都是值得的，并且会对接下来的行动充满热情和动力。理解绝对不是表面明白对方在说什么，知道对方的意思是什么，更不是我们在对话中经常说的"我理解你"，这些都不会给对方带来被理解的感受。理解的基本前提是无条件地接纳对方表达的一切，感知到对方尚未表达出来的需求和渴望。真正的理解不需要语言，也是语言所无法企及的，因为被理解是一种内在的感受，是内心层面的一种同频共振。

放下头脑层面的自我保护和防御，打开自我认知的边界，能够在内心的层面感知到对方，真正的理解就会产生，对话从保护模式去向联结模式，人与人之间形成真正的利益共同体关系。在利益共同体关系中，人们的对话内容会自动从现状转向目标，对话方式也会从表达自我转向共同创造，这就进入了第四种对话。

第四种对话：意图（Purpose）

意图的内涵

真实的意图，决意要做……

未来生活环境更加美好。

新的可能性。

渴望实现的图像。

未来将发生的变化。

对未知的可能性的探索。

尚未施展的能力。

全新的尝试。

我们所有的行动都受到意图的指引，意图是引领创造的原始动力。所有人都有两个共同的意图：实现自我生命价值的最大化、让未来的生活环境变得更加美好。实现这个意图的途径有两个：一个是向内探索自我，释放更大的潜能；另一个是向外探索未知，实现自我更大的潜力。只有释放出自我更大的潜能，实现更大的潜力，才能够实现自我生命价值的最大化，创造更加美好的生活环境，否则迎接我们的就是不断重复，没有人愿意在不断重复中消耗自己的生命。

教练的意图就是释放出客户的潜能，帮助客户实现自我更大的潜力，这也是对话的终极意图。我们之所以要对话，就是为了打破认知、感知和觉知的边界，探索未知的潜能和潜力，探索让未来的生活环境变得更加美好的可能性。对话是帮助我们开启潜能、实现潜力的钥匙，是通往美好未来的必经之路。

未来是未知的，潜能和潜力也都属于未知的部分，充满了不确定性。面对不确定性，我们的本能反应是恐惧，这种恐惧会阻止我们对未知的探索。如果我们不能战胜对不确定性的恐惧，就会停留在确定性之中，无法做出新的尝试，改变不会发生，生活环境变得更美好、实现自我更大的潜力也只能是一个美好的愿望。

逼真的想象=潜意识中的现实。我们的头脑无法区分什么是已发生的事实，什么是通过想象构建的场景。因此，我们可以通过对话引发对未来成功画面逼真的想象，在潜意识中创建新的现实。如果没有未来成功画面的指引，我们只能在过去的经验中打转。通过对未来成功画面逼真的想象，我们还可以从内心深处唤醒动力和热情，唤醒战胜恐惧的勇气，之后就能够展开探索未知的行动。未来从来没有真正到来，然而我们不能没有未来，未来只会出现在充满热情的想象和对话之中。

生成式对话

生成式对话如图 12-2 所示。

虽然我们经常谈论未来、潜能和潜力，可是在未来到来之前，在潜能开启之前，在潜力实现之前，我们并不知道它们究竟会以什么方式出现。未来、潜能和潜力都属于未知的范畴，除非我们能够亲身去经历和体验，否则它们只是各种不确定性。不确定性本质上是可能性。可能性可以被谈论和想象，经过充满热情的谈论和逼真的想象，可能性会被存储成为潜意识中的现实，潜意识中的现实=现实。至此，不确定性转变为潜意识中的确定性。一旦看到了确定性，我们的信念就开始变得坚定。

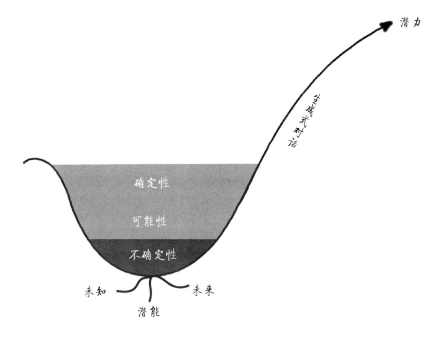

图 12-2　生成式对话

通过超越已知范畴的对话，开启对未知的探索，从未知的不确定性中生成前所未有的见解和行动。这就是生成式对话。生成式对话对应的问题如表 12-1 所示。

表 12-1　生成式对话对应的问题

未知（照亮盲区）	改变从哪里开始 光从现状的裂缝中照进来，这束光照亮了哪些之前没有意识到的部分
不确定性	面对正在发生的改变，你最担忧的是什么 有什么是你无法确定的

可能性（成功与失败）	最好的情况是什么
	最糟的情况是什么
正在生成的未来 （画面）	如果我们真的行动了，会如何
	让一切都发生，会如何
确定性（什么是我们确 信的确定性）	面对未来，什么是我们能够确定的
	我们坚定地相信什么

生成式对话的特点

（1）从对话形成的场域环境中自然生成。

（2）生成超越原本的所有想法的全新想法。

（3）所有人共同创造成果。

（4）充满热情的想象与谈论。

在团队对话中，生成式对话带来的不仅是从未知中生成的确定性，更重要的是生成对未来的坚定信念。意图+信念=势。势的形成意味着团队潜能的释放。在更大的能量的支持下，团队能够开启全新的行动、全新的创造和全新的成长，这些全新的改变将带来团队潜力的实现。

两种模式

在 STEP 对话模型的四种对话中，前两种（S 和 T）构成的对话模式叫作保护模式，意思是在对话中以自我为中心，保护自我的观点和自我眼中的事实，不接纳他人的观点，也看不到他人眼中的事实；后两种（E 和 P）构成的对话模式叫作联结模式，在这两种对话中，一方可以感知到另一方的需求和渴望，重新建立彼此之间的联结，形成有温度的场域环境，谈话双方想要的一切都会在这个场域环境的滋养下生成。

两种模式的对比如表 12-2 所示。

表 12-2　保护模式 vs 联结模式

| 保护模式（ST） | 以自我为中心，关注"我的" | 割裂联结 | 冲突、固化、熵增 |
| 联结模式（EP） | 消除自我的边界，关注"我们的" | 创建联结 | 同频、扩展、熵减 |

保护模式

止于自我和事实的对话模式叫作保护模式。

在保护模式下，人们各自站在自我的中心，捍卫自我头脑中的观点和眼中的事实。当我们不断强调自我的已知时，只能听到那些自我认同的观点，只能看到自我眼中看到的事实，我们就关闭了自我的认知和感知能力，停留在过往的经验之中，被保护模式所掌控。在这样的对话中要么充斥着无关紧要的空谈，要么不停地争论事实是什么，对话各方质疑彼此的观点，无法接纳彼此眼中的事实，更无法感受到彼此的需求与渴望。在一个自我封闭的系统中，所有人都会逐渐割裂了自我、他人和场域三者之间的关系，最终保护模式固化了所有人的自我。

保护模式带来的是自我与自我、自我与他人、自我与场域之间关系的割裂。

在保护模式的作用下，我们看不到新的可能性，生活中的一切都开始变得没有了新意，热情和动力随之开始消退。没有了新的观点和视角，接受不到来自他人和环境的反馈。我们对自我的认知越来越固化，不断重复同样的语言、行为和思维，看不到自我新的可能性，停止了成长，也越来越不接纳自我，自我和自我的关系被割裂。

在保护模式下，我们不断强调自己是对的，而没能认识到他人也是对的。我们只能接受自己认同的观点和视角，完全忽略那些不同的观点和视角。总是希望他人能够听懂我们，而完全听不见他人在说什么；总是强调自己的需求，而无视他人的内在需求。在这样的对话中，我们连最起码的尊重都感受不到，更不要说理解了。保护模式割裂了自我和他人的关系，最终每个人都感觉自己生活在一个人际关系的孤岛上，不被理解，也没有能力理解他人，产生深深的孤独感。许多心理上的焦虑、压力甚至疾病，都是由保护模式所带来的自我和他人关系的割裂导致的。

一旦开启了保护模式，我们就开始缩回自我的中心，断开和场域环境的联结，即使场域环境发生了变化，我们也没办法感知到。自我与场域环境之间的能量无法流动，这会进一步造成个体之间关系的割裂，最终使整个系统成为自我封闭的物理系统，封闭的系统难逃熵增的命运。

联结模式

与保护模式相对应的是联结模式。相比保护模式的以自我为中心，联结模式能够帮助我们突破自我边界，走出自我中心，与自我、他人、场域共同构成一个更大的系统。联结模式下的对话更加开放且充满创造性，差异在这样的空间得到极大的允许。我们能够从自我的观点、视角中走出来，表现出极大的同理心，从而能够从他人的视角观察和感知，看到自我的盲区，使自我认知、感知与觉知的边界得以扩展。

联结模式构成了一个生态化的场域环境，自我、他人、场域之间形成彼此赋能的共生关系。系统内在的不同部分不再互相孤立，并且开始变得更加有序，从熵增转变到熵减，整个场域环境的温度也得到提升，生命力中的潜能会在这样的场域环境中释放出来。

联结模式带来的是自我与自我、自我与他人、自我与场域之间联结的加强。

在联结模式的支持下，我们能够保持认知、感知和觉知的开放，接受来自他人、场域的反馈，所有这些反馈都将增进我们对自我的认识，帮助我们看到自我的丰富性，令自我变得更加完整。当我们不再固着于自我的观点，不再执着于自我眼中所见的事实，从自我的中心走出来时，就能够听见与自我不同的观点，看见超越自我所见的事实，这除了能够让我们变得灵活且富有选择，更重要的是能让我们重新认识自我。

我们所追求的自我与自我之间的关系建立在我们对自我的认知之

上，无论是不断自我否定，发现自我的不足加以改善，还是不断自我肯定，给自我加油鼓劲儿，都不是自我与自我之间关系的正确状态。我们必须看到，自我处在一个不断发展、扩展的过程中，自我不应该被简单地用"是什么"或"不是什么"来定义。当我们打开"三器"，打开我们的耳、目、心，建立了与自我、他人、场域的联结时，自我就成为不断演变、不断进化的主体，自我与自我在这里合一。

自我与他人之间的关系是所有人最看重也最具挑战性的部分。我们都渴望与他人建立互相支持、互相滋养的关系，并且为此付出了大量的努力。在联结模式的支持下，人与人之间彼此听见、看见，彼此感知到对方的需求与渴望，自我与他人之间形成利益共同体的关系，跨越关系中对抗与冲突的陷阱，开启真正的合作。人类是一个命运共同体，每个人在努力成为自我的同时，也在为他人做贡献。

自我是场域环境的一部分，影响着场域环境，同时接受场域环境的影响。联结模式能够支持自我在场域环境中感知，同频到场域环境中正在发生的一切，从而唤醒自我内在的觉知，实现自我超越。联结模式建立了自我与场域之间能量流动的管道。每个人都关注场域环境，并为之赋能，场域环境为个体的成长与生命力的绽放提供滋养。在这样的场域环境中，自我联结了能量的源头。

从保护模式到联结模式

团队成长的过程，就是不断摆脱旧的保护模式，开启新的联结模式的过程。然而，旧的保护模式非常强大，只要无意识，就会掉进旧模式的陷阱。这就需要 STEP 对话模型的支持，摆脱无意识的保护模式的束缚，不断有意识地运用联结模式，一方面保证团队成员每次谈话的创造力，另一方面使新的联结模式得到不断强化。

从保护模式转变为联结模式的管道是"听"。"听"拥有不可思议的智慧与创造力。古人把他们所领悟的智慧都刻画在了汉字里，传承至今，这些智慧如今依然闪闪发光。这个"听"字告诉了我们所有关于自我与自我、自我与他人、自我与场域联结的奥秘，将"听"的繁体

"聽"拆解开来，就是耳、王、十、目、一、心。

"耳"长在"王"上，可以比作老虎的耳朵，寓意"耳"要像老虎的耳朵一样警觉和敏锐。"耳"下的"王"读作 tǐng，是竖起来的意思，如果要听，就要把耳朵竖起来，全神贯注地听。无论是老虎的耳朵，还是竖起耳朵来听，都强调向外听，听对方的语言和声音。同时这也是在告诉我们，听不是一件容易做到的事情，因为对话中的信息稍纵即逝，只要稍不留神，我们就会和它们擦肩而过。只有打开耳朵，我们才能超越自我头脑中的观点。

"十"与"目"合在一起，"十"代表全部，"目"代表关注力，这是在告诉我们，在聆听中，需要把自己的关注力完全放在对方身上。"目"可以观察到对方的表情和身体姿态的变化，更重要的是，关注力能够给予对方最大的赋能。我们的关注力能够鼓励对方更多地进行自我表达，更有勇气直面自己的担忧与恐惧。只有打开眼睛，我们才能超越自我原本以为的事实。

"一心"不能二用，心里一旦有多余的念头，就会失去准确感知的能力。掺杂多余念头的交流，会令对方感觉不到被理解，没有了理解，对话就被卡住了。我们耳朵所听到的信息、眼睛所看到的图像，最终都和内心相连。如果心里已经被自我的念头和期待占据，那么我们将无法听到对方的声音，也看不到对方的表现，一切的听见和看见都只是为了满足自己的想法和期待。只有当我们内心完完全全没有自我，"一心"将关注力放在对方身上时，才能够感知到对方内心的需求和渴望。只有打开心，我们才能摆脱自我过往经历所形成的情感史的束缚。

耳、目、心是我们接受外界信息的通道，在对话时，这些通道需要保持畅通，否则就无法接收来自外界的信息。聆听者必须保持空和静的状态，头脑放空，如同干净的镜子，不能有自我的观点，镜子一旦被灰尘覆盖，就不能准确地显现事物本来的样子；内心平静，如同平静的湖面，内心涌起的各种念头都会像小石子投进湖水中一样，让湖面失去平静，失去平静的内心也就失去了觉察他人内心的能力。

"听"是我们一生都要持续修行的能力。

生死之战

这是一次上市公司高管会议，会议的目标是激发集体的勇气，让大家快速行动起来。大多数与会高管都在这家公司工作了 10～20 年。

第一天会议期间，我听到他们数次提到组织过往的辉煌，以及面对现状时的无力感。我仿佛看到他们每个人内心都有一团被冰冻住的熊熊烈火，每个人都是炙热的，却无法照亮他人。我感受到他们已经没有耐心慢慢融化坚冰，而是需要一场胜仗来打破被冰冻的一切。当我表达了我所看到的和感受到的之后，一位高管说："是的，而且这场仗就摆在我们大家的面前，就看我们能不能勇敢地直面它。"所有人都很安静，仿佛都知道这场仗是什么。"大家知道这场仗是什么，对吗？"我问。很多人点头不语。于是，我邀请大家晚上安静下来去感受一下：是不是要打这场仗？如果要打，怎么打？

第二天的会议从下午三点开始。一开始，大家依然很平静地表达着自己的观点，坚定而不失礼貌地守护着各自的边界。突然，他们的 CEO 说："我们之间到底发生了什么？我们究竟想干什么？为什么就不能把自己的想法先放一放？我们明知道这样拖延下去的后果，为什么不能打开自己的格局好好想想？路就摆在我们面前，方法和资源都是现成的，做就是了，这真的有那么难吗？"每个人都低下了头。我安静地坐着，感受着整个场域中强烈的震动。过了一会儿，CEO 站起来对我说："让我们暂时离开这里吧，大家都好好想想，每个人都知道该怎么做，就让大家自己决定吧。"于是我们一起去了隔壁的一间休息室。

一小时、两小时，我们喝茶聊天，等待着……突然会议室中传出了很大的争吵声，CEO 笑着说："他们早就应该这样了。"没过多久，会议室中又传出了一个更大的声音，我听出来这是公司资历最老且很受大家尊重的一位高管，他平时总是温文尔雅的，从来不大声说话。我和 CEO 都会心地笑了，感受到了一道裂缝正在慢慢打开，整个屋子似乎一下子明亮起来。

晚上十点，隔壁的会议室已经安静了很久，CEO 说："我感觉差不多了，我们去看看吧。"会议室里的所有人都把目光投向了CEO。CEO 说："来吧，让我们看看大家接下来想怎么做。"一位高管站起来对接下来的行动进行了分享，从现场的气氛中我们能够感受到这是所有人都想要的结果。现场又安静了，不过这次的安静里流淌着温暖的情绪。CEO 轻松开心地笑了，她说："现在的感觉对了，我们早就应该这样了。"这个集体终于穿越了自己的"针眼"。

我问道："我们是怎么做到的？"有人说："是王总首先站出来承担了更大的责任，让大家一下子都能站在他人的角度思考。"有人说："我们感受到彼此的需求和渴望都被听见了，原来我们的目标是一致的。"还有人说："我要向大家道歉，我一直没有承担自己的责任。"接着一位女士说："我们为什么非要等到这一刻才这样？我们应该更早这样做的。"她流泪了，很多人都流下了感动的泪水。

次日一早，我返回上海，路上收到了 CEO 的消息——高管们自己开了誓师大会，把接下来的行动叫作"生死之战"。她还说："我看到了一个联结的集体是如此强大，我被深深地感动了，我不是在孤军作战，我看到了胜利的曙光。"

STEP 应用一：教练流程

STEP 被广泛运用于教练对话，是一个帮助对话者从过去迈进未来的流程。这个流程经历了大量教练对话的实践检验并不断演化。要运用好这个流程，首先必须遵守教练的基本原则，其次要相信这个流程本身的创造力，并信任流程创造出来的成果。

STEP 教练流程的主要目的是支持对话者刻意练习联结模式，逐渐掌握打开耳、目、心的聆听能力，最终运用 STEP 对话模型进行教练对话。

教练流程

教练在征得案主许可的前提下，可以使用本流程帮助案主快速解决其面临的问题和困扰，并能为案主带来深度的自我觉察，促进案主成长。（注意，只能解决案主本人遇到的真实的问题。）

用于一对一教练：一人按照流程提问，一人回答，直至完成整个教练对话流程。

用于多对一教练：一人按照流程提问，一人回答，直至完成整个教练对话流程。其他人作为观察者，需要参与流程中的反馈环节和最后的分享环节。

教练必须完全相信案主是解决自我问题的专家，做到全然关注与深刻聆听，严格按照流程进行，适当运用静默的力量，整个过程要慢下来。（停止练习之外的任何对话，否则练习无效。）

自我

我们要共同探索的话题是什么？

为什么这个话题是重要的？

你渴望透过对这个话题的探索去创造什么？

随着时间的推移，这件事情会有哪些可能性？

为此你需要进一步学习和成长的是什么？

什么对你来说是真正重要的？

你的话题在哪些方面变得更加清晰并发生了转变？

请用一句话描述你接下来想聚焦探索的方面。

事实

现状是什么样的？

这样的状况持续多久了？

你具体做了哪些尝试？

有哪些是你一直想做却没有做的？

有哪些资源是可以支持你的？

此刻你有什么新的发现？

情感

你当下的身体感受是什么？

你有什么样的情感需求需要被满足？

你内心真正渴望的是什么？

创建觉察。用一句话表达：我看到……我此刻感受到……

意图

此刻，你感受到自我强大而真实的意图是什么？

你决意去做什么？

你从哪里迈出第一步？何时开始？

潜力

针对你要探索的话题，你能看到的最好的结果是什么样的？

你能看到哪些可能性？（还有吗？）

你感受到真正的改变会从哪里开始？

你感受到什么正在通过你生成？

你感觉自我放下了什么？重新拿起了什么？

创建觉察：此刻我看到了……

创建教练的自我觉察

你想到了哪些以前没有想到的？

你看到了哪些以前没有看到的？

你感受到了哪些以前没有感受到的？

共同谈论与分享

对于人，你有什么新的发现与收获？

对话给你带来了哪些深刻的洞见与觉察？

互相感谢。

我们可以通过不断实践探索，发展出更适合自身组织文化与经营特质的问题。

STEP 应用二：复盘

只有基于真实的行动才会发生复盘。

复盘可用于阶段性团队工作总结、项目小组会议、共修成长学习小组、攻关小组研讨。

复盘的收益

- 消除误会与隔阂。
- 明确现状、目标和资源。
- 加强情感的联结与合作。
- 赋能。
- 回归最核心的意图。
- 制定全新的行动策略。
- 收获与学习。

复盘流程（适用 5～7 人小组）

第一步：选择合适的环境，用心布置，使用一些装饰品，保持环境的开放、自在、舒适、轻松。

第二步：主持人对参与者表示欢迎与感谢，直接表达本次复盘的核心意图（与未来/成长/改变相关）。

第三步：主持人按照自我反观问题清单提问，其他人快速写下答案。

第四步：邀请一位组员分享答案，其他人运用 STEP 对话模型保持聆听。

第五步：集体利用 STEP 对话模型进行反馈。

- 哪些视角/观点/事实给了我新的启发和学习？
- 我看到了……（画面、图像）
- 我此刻的感受是……

请分享者分享自己从集体反馈中得到的收获，表达感谢。重复第四步和第五步，直至所有人分享完。

主持人：请大家再一次静默 2 分钟，放松身体，回到自我的内在去感知，聆听自我内心的声音。

集体收获

在哪些方面有新的收获和发现？

对下一步行动有什么期待？

快速制定下一步的目标。

明确新的计划与担当。

如有时间，可请大家自由发言，分享各自的学习与收获。

自我反观问题清单

请大家一起静默 2 分钟，每个人都回到自我的内在，回顾过去的这段经历，按照主持人的引导，快速回答并记录以下问题。

请你首先给自己这段时间的整体表现打分（1～10 分）。

围绕起初的目标，你都做了什么？

你有哪些具体的行为表现令自己满意？

什么事情引发了你的反思？

你得到了哪些具体的帮助、鼓励与支持？

你对这个集体有哪些善意的建议？

你对接下来和大家的共同旅程有什么期待？

对话案例：关于复盘

　　许多组织都把复盘作为持续改善的重要手段，每当一个项目结束时，大家都会聚在一起，讨论项目的得失，关注执行细节的改善，以确保今后在同样的项目中能够有更好的表现，这是一种非常高效的学习方式。

　　我教练过一位某跨国药企的高管，她渴望找到对工作的热情。她在这家公司已经换了三个岗位，分别就职于不同的部门。每次面对新工作，她都非常兴奋，感觉能够获得很多新的学习和成长，也有很多未知等待着她去探索。可是，每次工作一年左右，她就会变得很疲惫，完全没有了当初的热情。这样的经历不断重复，令她非常困扰。在与她对话的过程中，我发现这家公司有一个约定俗成的规则——每执行完一个项目，第一时间进行复盘。在交流复盘的内容时，她说："每次项目结束，项目的执行人员都会聚在一起，每个人找出自己做得不够好的三个地方，并第一时间进行检讨，给出改进方案。"她还补充说："就是这个做法让我觉得非常不舒服。"我问她："做得好的地方呢？"她回答说："只找不足，从来没有人被邀请说优点。"我问道："每次只找缺点，完全不提做得好的地方，对此你有什么感觉？"她回答："我觉得很挫败，自己无论多努力都不行，完全没有成就感。"我问："你怎么看待这种工作方式？"她说："也许这就是我每次在面对新工作时都很兴奋，很有热情，而后来慢慢失去了热情的原因。"她沉默了很久，接着说："是的，就是这个原因。"

错误的对话能够带走一个人所有的热情和动力。

对话的两个部分：内容和方式

对话的内容——语言

语言是人类的最高天赋，可以用来记录、沟通、分享和共创，也可以用来争论、攻击、评判和质疑。我们透过语言表达自己的主张，分享对人、事的理解与看法。语言可以创造更大的共识与可能性，也可以割裂所有的关系。语言是人与外在世界联结的桥梁，人类的一切社会活动都需要透过语言进行。同样的文字，当我们用不同的语气表达时，其所产生的影响力就不同，一句话可以让人产生更多的自信，也可以使人对自己失去信心。我们倾向于认为语言具有描述功能，用来描绘事实。事实上，语言的力量远不止此，它还具有创造能力。例如，消极的自我谈话会危害身体健康；如果你告诉自己做不到，那么你就失去了做到的可能性；语言还能够以自我的方式强化我们的困难，延续我们的现状。

语言可以刻画一个人过往经历的图像，图像携带情感，情感决定态度。如果语言唤醒的是负向经历，就会引发消极的自我对话，释放出负向的情感，表现出消极的态度，对抗和冲突就开始了，最终形成消极强化的循环。反之，语言会引发正向积极的自我对话，形成积极强化的循环。我们运用不同的语言，带来的交流结果就不同，创造的人际关系也不同。语言不是在创建联结就是在割裂关系。我们说出去的每句话都在影响着他人，固化着自我，同时不断塑造着我们赖以生存的场域环境。我们说话的同时也在创造。

一个人的内心再善良，如果他的语言运用得不好，别人也感受不到他的善良。语言拥有魔法，一句话可以唤醒一个人，改变其生命运行的轨迹。语言可以用于祝福，可以唤醒一个人对生活的热爱；语言还可以用于诅咒，令一个人陷入自我破坏的陷阱。一句话可以让一个人变得高大，也可以拿走一个人所有的自尊。一个掌握了语言魔法的人，是愉快而有意义的对话的提供者，能与不同的人开放自由地交流，并带给他人新的发现与觉察。一个掌握了语言魔法的人，就是一位梦想的魔法师，每个遇见他的人都会梦想成真。

对话的方式——最小化对话模型

"4C 团队教练"提出了教练对话的最小化对话模型，这个模型是一个对话的流程，保证对话以正确的方式进行。

如果我们将对话的方式做区分，总体可以分为以下两种。

以自我为中心的对话：这是我们每个人都习惯的一种对话模式，也是我们在对话过程中面临的最大挑战，大多数对话中的冲突都是因此而产生的。在以自我为中心的对话中，每个人都在强调自己的看法，试图说服他人接纳自己的观点，从而忽略了他人的看法，没能意识到接纳他人观点的重要性，对话双方的需求都无法得到满足，渴望也都无法得到支持。这样的对话最终只会导致对话双方关系割裂。

以对方为中心的对话：在这种对话中，一方放下自己的意图，全然地聆听和支持对方，这种对话所带来的感受是彼此信任、彼此接纳，对话也更加深入，往往会有出乎意料的收获。如果对话双方都能以对方为中心，这种对话就会创造更大的空间，对话的过程自然流动，最终的结果也会趋向为双方带来更大的发现与觉察，创造出远超双方原本期待的成果。以对方为中心的对话还会带来更有价值的收获，那就是创建人与人之间的联结关系，在这样的关系下，对话会进入积极的循环。

我们都习惯了无意识地把自己放在对话的中心，因此需要一个流程，在这个流程的指导下，我们会相对容易地走出以自我为中心的对话，开展以对方为中心的对话。

最小化对话模型如图 12-3 所示。

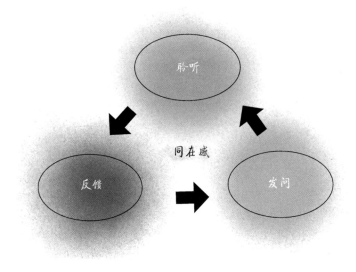

图 12-3　最小化对话模型

聆听是对话的开始，如果没有听明白对方在表达什么，我们所有的回应都是无效的，给对方带来的感受只是不被理解，甚至是误解。然而，如实听见实非易事，因为我们都带着固有的习性、模式，都有强大的先入为主的判断，这会令我们无法把关注力放在对方身上，自然就无法听见。前文讲解了耳、目、心的聆听，知道了聆听需要听见、看见、感受到，这是人与人之间建立理解、信任与亲和关系的基础，也是对话得以进行的基本前提。

接下来是反馈。没有反馈的沟通是无效的。反馈就是把我们听到、看到、感受到的告诉对方，可以通过语言、肢体动作甚至静默进行反馈。当我们能够做到以对方为中心，全然地关注、聆听与感知时，在那个当下，我们所有的举动都是对对方所表达内容的反馈。因为对话过程中所发生的一切都是围绕对方的表达形成的，我们要做的是成为对方的镜子，让对方有机会通过我们的反馈来观察自己——听见自己的观点，观察自己的表现，感受自己的感受。这是对话中最神奇的部分，它能够唤醒一个人，使其完全来到当下进行自我观察，创建基于当下的觉察，能够带来全新的视角和领悟，帮助其重新认识自我，这是正念和禅修中描述的状态。

反馈之后就是提问了，问出我们的下一个问题，引导对方进一步表达，从而获得更丰富的信息。问题是最好的老师，问题的质量决定了答案的质量，问题是支持一个人探索自我的有效方式。例如，你直接告诉一个人："你是一个很自信的人。"对方也是这样认知的，他会说："哦，谢谢，我的确很自信。"如果对方并不认为自己很自信，他会说："不是你说的那样，你只看到了表象。"不出意外，后面的对话就只剩下说服和不断的解释了。前文讲过，系统都是自洽的，语言、思维与行为所形成的系统也是自洽的。所以，如果你尝试帮助一个人改变，仅告知是没有用的，在你一遍又一遍的告知中，这个人只会强化原本对自我的认知。提问就不一样了，开放性问题没有自我的结论，因此不会和头脑中既有的想法产生任何冲突。如果我们的问题在对方头脑中是有答案的，那么对方就会回答。如果我们的问题是对方从来没有思考过的，对方就会说："这是个好问题，我从来没有想过，你让我好好思考一下。"新的思考带来新的发现，新的发现带来全新的改变，正如拉尔夫·瓦尔多·爱默生所言："思维一旦因新的观念得到拓展，就再也回不到从前。"

提出问题之后要接着聆听，进入一个新的循环。在不断循环中，帮助对方一点点扩展对自我的认知，一个全新的自我也就慢慢展现出来。聆听、反馈、提问构成了一个闭环的循环，使对话能够有效地开展。通过这个循环的过程，对话得以持续深入。

最后，最重要也最难的一项能力是保持同在感。同在感指对话时的状态，这是整个教练对话得以开展的基础。同在感作为教练的一项核心能力，是一种全然当下的状态。在一场对话中，我们需要完全以对方为中心，保持全然的关注、陪伴和支持。同在感要求教练：首先，把所有关注力都投注在对方身上，让对方感受到自己是最重要的；其次，无论对方内在经历了什么，都要陪伴他经历这趟内在的旅程；最后，坚定地相信对方，并支持对方成为自己，按照自己的想法去行动。同在感可以创建一种全然允许的场域环境，在这个场域环境中，对方会感受到极大的信任和支持。

团队自我强化的循环

团队自我强化的循环如图 12-4 所示。

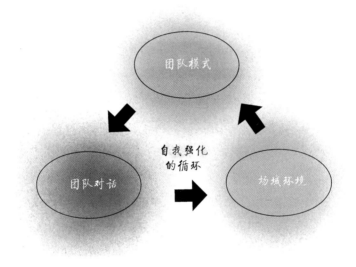

图 12-4　团队自我强化的循环

团队的改变必然是团队模式的改变，团队模式由场域环境决定，场域环境由团队对话决定，团队对话又由团队模式决定。团队对话、场域环境和团队模式三者构成一个闭环系统。

积极的团队对话形成积极的场域环境，进而开启积极的团队模式。积极的团队模式进一步推动积极的团队对话，形成向上的积极循环。反之，团队对话形成消极的场域环境，形成向下的消极循环。

开放的团队对话形成开放的场域环境，生成开放的团队模式，开放的团队模式推动开放的团队对话，形成进一步开放的循环。反之，团队对话自我封闭，形成的就是封闭强化的循环。

第 13 章

"4C 团队教练"之
"势、志、行、知"

《道德经》围绕"道、法、术、器、势"展开，为我们论述了变与不变之间的辩证规律。通读整部《道德经》，我们会发现老子表面在强调"道"，实则强调的是以"道"驭"势"，专注"势"的积累，然后顺"势"而为。老子在《道德经》中用水来隐喻改变的规律——专注"势"的积累，水利万物而不争，不断自我积累到高处，之后自然而然地超越障碍。改变因"势"而生，是一个自然而然的过程。我本人还特别喜欢奥托·夏莫博士在其著作《U型理论》中提出的一个概念——自然流现，甚至他在麻省理工学院成立的学院也叫作"自然流现学院"。改变一直以自然流现的方式发生，这也吻合"道法自然"的原则。

"4C 团队教练"之"势"

顺应"道"，就能够汇集各方能量，形成高大的"势"；违背"道"，就是逆"势"而为，最终只会因能量耗尽而枯竭。

教练一个团队提升"势"，首先是减少现状中的困扰，其次是坚定团队实现目标的信念。所有的目标都高于现状，两者的高度差形成势差，当团队成员的能量与现状中的问题同频时，这个势差就会给团队带来压力，如果团队成员的能量与目标的实现同频，这个势差就会为团队超越现状带来动力。

提升"势"的方法：重新定义团队

这是一家世界著名的电气企业，因为公司运营战略的调整，市场研发部需要承担一定的业绩目标。市场研发部之前一直专注于新产品的开发，并未和业绩的实现相关联，因此这样的调整给大家带来了非常大的挑战，部门内部充满了对新战略的质疑之声，新战略的推进遇到了巨大的阻力。战略部总裁找到我们，希望我们能够帮助团队提升士气，完成公司下达的新战略目标。他说："我已经多次和大家沟通，说明新战略的必要性，而且我相信我们一定可以做到，可是我感受到整体的士气非常低落，所有人都表现出无奈的被动接受，这不是我想要的，我希望大家从心底相信我们有能力做到。"

工作坊开始不久，我就邀请大家分组写下团队面对的现状，很显然这个不被大家接纳的业绩目标出现在所有小组的现状中。大家在分享时，不断强调："这不是我们的目标，这样的目标是不合理的。"很多人都感受到这样的目标设定给他们带来了强烈的危机感，认为自我价值被否定了。接下来我让大家聚焦去分享整个市场研发部过往所创造的价值。随着分享的深入，大家开始感慨，言语之间是满满的骄傲和成就感。有人不禁感慨："我们这个部门是非常有创造力的，整个公司一半以上的业绩都来自我们的创新。"接着谈话又来到了市场研发部过往遇到的一些艰难时刻，以及大家是如何齐心协力共渡难关的。

到了重新定义团队的时候，大家的定义是：这是一个能够干大事的团队；这是一个无所不能的团队；这是一个最有创造力的团队；这是一个能够面对任何困难和挑战的团队；这是一个有着辉煌的经历的团队。

最后，我邀请团队回到最开始的现状面前，请大家重新反观现状。

一阵静默之后，一个人站了出来，指着那个业绩目标说："我们有勇气直面这个目标，而且我们有信心达成。"所有人都开心地笑了，我知道他们超越了自我。

团队面临的最大挑战是缺乏安全感，这种感觉一旦产生，人们就会穿上厚厚的盔甲，没有了表情，没有了自在的情绪，一切都开始停滞且沉重。如果组织中的成员没有卸下盔甲，一切交流和努力都只是徒劳。

一个不能讲真话的人会感觉不舒适，一个缺少真话的团队总是危机四伏，团队成员如同在黑夜中前行，谨小慎微，不敢轻易迈出一步。人们都知道什么是更好的，可是并不见得都会去做。经常有人说："是的，我知道那是什么，可是我感觉我做不到。"也有人说："那样的确很好，可是我没有毅力。"还有人说："这个变化的过程太辛苦，改变习惯真的很难。"等等。这些都是没有勇气的表现。这些人害怕被改变，害怕未知，感到不安全和不自信。生活在自我假设的框架中的人总是不敢跨出去。

帮助我们进步的不是那些我们喜欢的事情，而是那些我们不喜欢的事情；有价值的不是那些我们擅长的事情，而是那些我们不擅长的事情；帮助我们拓展的不是那些令我们舒适的事情，而是那些令我们不舒适的事情。真正的改变是需要勇气的，勇气是拓展自我体验的开关，这个开关就在我们的内心，我们要做的是触摸到它，然后按下它。回到自我内在能量的源头，重新看见更多可能性，并且亲身体验成功的喜悦，这能帮助我们获得勇气，重新点燃我们对未来的相信和向往。

懦夫在自我死前已经死过很多次，而勇士领略死亡只需一次。

——莎士比亚

但凡用力去推动某件事情，就说明没有遵循事物本身发展的规律，最终所做的一切都只是徒劳的能量消耗。那些人为推高的"势"最终都会跌落。要想鼓舞团队士气，支持团队获得"势"，一定要意识到"势"是一种内在的能量状态，无法通过外在能量的注入获得，只能经过通往内在的探索才能实现。

打开"三器"，打破认知的边界、感知的边界，最终打破觉知的边界，释放出每个人内在的勇气，之后就能开启源源不断的潜能。

提升"势"的方法：开启潜能

这是一位优秀的民营企业家，他本人非常热爱学习，因此把很多课程带给了自己的核心团队。在"4C 团队教练"课堂上，他声情并茂地分享了自己企业的成长过程，他很为自己团队的不断学习而骄傲。可是当谈到最近这几年的发展时，他却有些失落。他说："不知道为什么，团队成员开始对学习表现出抵触的态度，对老师的评价也越来越低，好像每个人都很厉害，可是业绩止步不前，甚至开始下滑，整个团队都疲惫不堪。"他尝试了很多方法，诸如减少绩效考核的比重，让大家更加注重长期发展，而不要被眼前的得失困住，并进一步强化学习。他不停地提醒大家不要太在意业绩，只要提升了自己，取得好的业绩是迟早的事情。可是不管怎么努力，团队的状态仍然没有改变，这让他很焦虑。在交流中，我发现他非常在意领导者能力的提升，一直试图复制更先进的理念和工作方式到企业中，总是不断把更高的能力标准带进来，要求大家学习和运用。我问："如果让你对公司高管的整体状态打分，是多少？"他回答："最多 7 分。"我说："你觉得理想的程度是几分？"他回答："8 分以上。"我问："如果达到 8 分，企业会有什么明显的不同？"他明显有点兴奋地说道："那就太大不同了，整体都会发生巨大的变化。"我问："所以转变你企业中领导者的状态是你想要的，对吗？""是的。"他回答。我问："你为此做过什么？"他想了一会儿说："我给大家打 7 分时，自己也有些质疑，感觉应该是 5～6 分，只是自己不愿意承认。我以为保持好的状态是每个领导者自身必备的素质，我们招人时都把这一点作为最基本的标准，没想到我恰恰是对这一点不满。我总认为大家的状态不好是因为能力不够，因此我围绕能力的提升做了很多努力，可是基本无效。我现在明白了，大家真正需要的是改变内在状态，状态提升了，潜能就会被释放出来。只要整体的投入度提升 1 分，我们整个企业就会实现一个大的突破。"他接着说："我明白了能力与潜能的差别，能力需要长时间的练习才能获得，而潜能的开启更快，只要大家的状态提升了，潜能就得到了发挥。一个内在状态好的团队能够藐视一切困难，有效推进所有的工作，也只有内在状态好了，那些能够提升能力的工作才会有效果。"

最后，我们正式签订了一份为期一年的高管教练陪伴合约。

教练支持团队专注"势"的形成而非"事"的解决；专注唤醒团队的生命力而非人的改变；专注从内在释放团队成员的潜能而非不断从外在寻找能量支持。团队教练遵循改变的整体观，聚焦于团队场域环境的改善，通过提升场域环境的温度，激活团队成员内在的生命力，释放出生命力中的能量。

在正确的地方下功夫，每次尝试与努力都专注于"势"的积蓄，之后的"志、行、知"都是顺"势"而为。

"4C 团队教练"之"志"

唾手可得的目标容易达成，却没有意义，因为这样的目标无法激发团队成员更大的创造力，无法带给他们成长，更无法带给他们成就感。"志"可以理解为志向，具体指坚定、高大的目标。"志"生成于内在，和人们的内在状态紧密相关。"势"成"志"，处于一个更高的"势"之中的团队，对实现自我更大的可能性充满了勇气，这样的团队会设定富有挑战性的目标。有"志"的团队能够直面未来，勇敢地迈入未知，开启全新的创造。

一个由外部设定的目标，通常会给执行团队带来压力，而那些由团队成员自己设定的"志"，能够激发团队自身的动力与自行负责的精神，团队成员对达成"志"的承诺度会更高，显然，"志"的达成带给团队成员的成就感更大。

"志"的特征

（1）具体可实现的目标。

（2）是内在自我实现的一部分。

（3）超越之前的目标。

（4）与更大的梦想相关联。

（5）为更大系统的整体进化服务。

（6）自信而坚定。

成为一棵树

如果你试图理解生命成长的过程，那么你可以把自己想象成一棵树，当你看到树的一生，也就明白了自我生命的旅程。

每个人都是一粒能够长成大树的种子，可种子不是大树。

如果你向别人炫耀说："我是一棵参天大树。"没有人会相信，人们会说："没看出来你和小草的种子有什么差别。"你需要做的是找到适合大树种子生存的土壤，把自己深埋其中，然后敞开自我接受土壤的滋养。很快，种子发芽，钻出地面。

此刻，如果你向别人炫耀说："我是一棵参天大树。"没有人会相信，人们会说："没看出来这和小草的嫩芽有什么差别。"只要人们的手随意一挥，你就前功尽弃了。你需要做的是努力把自己的根须扎向更深的土壤，接受更多来自土壤的滋养。一年之后，嫩芽就会长到胳膊那么粗。

此刻，如果你向别人炫耀说："我是一棵参天大树。"没有人会相信，人们会说："没看出来你和那些低矮的灌木有什么差别。"只要他人用力一摇，你就会东倒西歪。你需要做的就是努力伸展枝叶，接受更多的阳光。五年之后，你长得高大粗壮，很多人都看到了你。

此刻，如果你向别人炫耀说："我是一棵参天大树。"没有人会相信，人们会说："没看出来你和别的树木有什么区别。"你需要做的就是继续成长，吸收阳光雨露，接纳更多的能量。十年之后，你就变成了一棵参天大树。

此刻，你不需要向任何人炫耀说："我是一棵参天大树。"别人老远看到你，就会说："看啊，那是一棵参天大树。"孩子们可以到树下嬉戏、乘凉，每个看到你的人都会被你满眼、绿色的旺盛的生命力所鼓舞。

你只需要努力成长自己，随着你的成长，你会感受到周围的人看待你的方式也在改变。随着你的成长，你能够看到的世界也在改变。对自我始终保持有意识，能够始终看见自我，看见自我的语言、行为和思维，这份觉知本身就是对自我的超越。这会让你时刻看到自我更大的可能性，并为了实现最大的可能性而努力。这会让你明白生命最大化的意义和路径，然后持之以恒地行动，专注于自身的成长，其余的一切都是自然而然的过程。

这就是"志"，"志"是一切得以延续的基础。

没有"志"，就没有坚定的"行"。

"4C 团队教练"之"行、知"

始于道，复归于道。

团队一旦有了"志"，就会自然生成"行"。"行"指实践行动，这里的"行动"在"4C 团队教练"中特指那些能够带领团队迈入未知的全新的行动。

今天，"知与行"之间正在渐行渐远，很多人停留在固有的知或行之中，只是在重复过往的一切。重复的知和行构成自我封闭的系统，会因为熵增而导致能量加速衰减，这就是为什么人们会对重复的事情失去热情。在无意识的状态下，这种重复会一直发生。

改变的第一步是"知止"——有意识地停止原本的思考和行动。

在一个不断加速改变的外部环境下，企业面临的最大挑战不是经验的快速失效，而是如何摆脱有效经验的束缚；不是如何掌握新的知识和技能，而是如何从根本上改变整体的学习模式；不是如何建立更完善的激励体系，而是如何唤醒团队成员内在的热情和动力；不是如何更有效地思考，而是如何更勇敢地迈入未知。今天的企业需要不断向未知敞开怀抱，拥抱未知，拥抱变化，只有这样才有机会拥抱未来。我们无法通过重复旧行获得新知，也不可能用旧知指导未来的行动。教练能够通过对话帮助客户看见自我认知的盲区，却没办法让客户建立对盲区的认知。面对认知的盲区，我们的头脑无能为力，此刻必须借助双手，用双手（行动）去探索——通过迈入未知的全新行动创造新知。

行动中的人没有困难

面对未知，有人看到的是机会，有人看到的是风险，除非真正经历这一切，否则你没有资格评价。所有的判断都是基于过往的经验，而不是基于未来的可能性，都是对自我的束缚。停止这种判断的思维方式，努力发现更多的可能性，创造出更加不一样的行动策略，这才是通往高效的路。停止了判断，就停止了内心杂乱的对话，事实会自动浮出水面，路会在你面前展开。

只有行动才能带来真正的改变，如果你有一个愿景，去做！如果你有心里话，说出来！如果你渴望获得某种成就，行动起来！除此之外，没有别的方式能证明你更有价值。所谓的偏执狂就是一旦认准目标，就从未想过失败。成就就是积累一个又一个行动，从行动中转变方法，调整自我，为迈出的每一小步欢呼。在决定放弃行动之前，你总是有办法的，行动中的人没有困难。

走出舒适区

舒适区可以帮助我们自动顺畅地发挥最佳水平，这个过程是不假思索的，没有觉察，也不会激发更多的想象和创造。我们会无意识地选择舒适的感受和环境，只要有喜欢和不喜欢的事情，我们就会为自己划定舒适区。我们停留在舒适区，就意味着停止了创造。走出舒适区的前提是拥有安全感——不会犯错。勇于尝试，不怕犯错，从错误中学习是最高效的成长方式。一旦人们放弃了犯错的权利，就失去了学习和成长的最佳机会。

生活中最大的危险是——也许你做了太多的防范。

——阿尔弗雷德·阿德勒

一个团队必须为其成员提供足够的舒适区，同时要主动创造变化并提出更高的要求，提高团队成员不断超越舒适区的能力，这样的团队才能够在变化剧烈的环境中把握甚至创造机会。团队需要探索未知，那里有新的可能性；团队需要挑战困难，这会令团队变得更强大；团队需要不断走出舒适区，主动创造变化。

整个"4C 团队教练"的旅程最终收于"行、知"，回归知行合一之道，联结到团队自身能量的源头。在这之后，展现在团队面前的，已经不再仅是新的征程，更是"苟日新，日日新，又日新"的团队。

后　记

我在赋能组织发展领域已经工作了超过 20 年。反观这段历程，我发现前面 7 年，自己都在贩卖问题与焦虑，顶多是在做信息的搬运工，把当下那些博人眼球的理论、工具贩卖给企业。时至今日，企业还在拼命地追逐变化的脚步，生怕一不留神就被淘汰。正因如此，我们共同造就了成功学的疯狂，造就了各种各样的大咖、网红。整个时代都以流量为王，仿佛谁能获得流量，谁就成了这个社会意识的主流。这样的思潮给了资本可乘之机，资本闻风跟进、推波助澜，疯狂地收割着一波又一波"韭菜"，用金钱堆积而成的神话，最终也在金钱嗜血贪婪的掠夺之后，留下一片精神的荒漠。20 年过去了，从西方的管理理论到东方的生命哲学，从科学到佛学，从现象学到玄学，从狼性到人性，无不成为团队和领导力发展的座上宾。人们崇尚拿来主义的精神，被听话照做就能成功的喧嚣声深深误导，被别人成功的故事撑大了头脑，而忘记了自己是谁。精神速食的盛宴正在无情地蚕食人们独立思考的能力。失去了独立精神与自行负责的态度，人们就埋没了最宝贵的生命力，沦落为毫无生机的躯壳。

在工业时代，只要掌握先进的生产技术，就能创造更大的价值，人类集体花了整整两百年才从工业时代进入信息时代。在信息时代，快速反应、创新迭代成了获得优势的关键，这也造就了疯狂的资本神话。到今天，满打满算也才 50 年，信息时代已经走到了尾声。

科技的发展为我们打开了"潘多拉魔盒"，地球正在加速成为一个村落，人类集体已经联结成为一个大的生态。共建人类命运共同体，消除贫富差距，共创人类集体繁荣，实现更加开放的全球一体化，是人类集体的唯一归宿。一个全新的时代正在开启，我们可以暂时把这个时代命名为"共生时代"。

如果说在信息时代，跨界创新打破了不同专业领域的边界，信息的流动促进了人类集体创造力的极大提升，那么在共生时代，我们将突破不同生态的边界，整个生活场景与生活方式将被重新建构，不同生态之间因联结而带来能量的流动，这一切都将极大地提升人类整体的生命状态。

何其有幸，你我将共同见证一个新时代的诞生！

共创一个联结的世界

2020 年春节，一场席卷全球的疫情中断了许多人忙碌的脚步，这也给我和我的团队伙伴们提供了一个深度回顾的机会。在长达七天的漫谈中，每个人都回顾了自己的心路历程，分享自己的成长，探讨自己的需求、渴望及对未来的期待。第七天，杉树公益基金会的秘书长联群姐（大家对她的爱称）也来了。她安静地和我们坐在一起，整个过程中她一直认真地聆听我们的对话。临近结束时，她对我们说："你们知道吗？创问在做一件非常了不起的事情，你们创造了一个场域空间，还提供了一套方法论，把所有的人都联结起来了，这是我参与创问学习活动收获的最有价值的东西，比我之前学习到的任何知识都重要。"现场一片安静。一位伙伴说："是啊，我们就是在创造一个联结的世界。"神奇的事情就这样自然而然地发生了，经历了长达七年的探索和成长，创问终于和自我更大的使命相遇——共创一个联结的世界。那是所有人一生都难忘的瞬间，我们看到了自己从事的事业对这个世界的贡献；看到了所有人眼里闪耀的热情的光；看到了可以让我们一生为之努力的方向。

生态赋能生态

未来环境变化的速度、知识更新的速度只会越来越快，追逐外在的变化带来的就是加倍的内卷，这是无法持续的模式。企业必须意识到自身是整个社会生态的一部分，转向自我内在，看到内在尚未被开启的巨大潜能，专注于实现集体更大的潜力，主动创造变化，而非不断被变化带来的恐惧所驱使。

未来的企业需要树立生态意识，通过构建人与人之间的关系，形成企业内部自主的企业生态赋能系统，只有释放出每个人内在生命力中的能量，才能将企业整体系统的能量始终保持在富有创造力的水平。企业内在生态的形成是一个过程，如同任何一个自然生态的形成，都需要时间的沉淀。在这段时间里，必须确保流入生态系统的能量多于流失的能量，这需要人为的保护和干预。企业生态赋能系统在建立初期需要外部能量的支持，以确保人与人之间的联结模式不断得到强化，直至成为优势模式。

企业生态发展的核心是多样性，缺乏多样性的生态会非常脆弱。企业中各个层级、不同的人所面临的挑战和问题各不相同，要想支持企业内部灵活多变、形式各异的需求，就需要有灵活多变的方式，我们把这种方式叫作生态赋能生态。运用生态的丰富性和多样性赋能企业生态的发展，为企业提供丰富且灵活的选择，紧紧围绕赋能人的潜能、潜力的兑现，围绕企业整体效能的提升，让问题和挑战能够在第一时间得到解决，随时突破卡点，快速行动。

企业生态赋能中心

许多优秀的大企业都拥有非常成熟的内部企业生态赋能中心，这些内部企业生态赋能中心能够更专注、全面且具体地支持企业的发展，在人员激励、绩效发展、领导力提升、业务拓展、创新增效、文化变革等诸多领域，都能为企业提供高效的支持。

传统的企业管理与运营方式已经走到了自我的边界，今天的企业需要打破边界，否则就会被已经成熟的系统牢牢困住。企业生态赋能中心的核心理念和运行原则都来自教练，因此它的基因就是开放、无边界且富有创造力的。我们坚信更强大的基因会自我复制，并终将带来整体的改变。

企业的四重生态

第一重：企业内部员工所形成的生态

企业员工形成共同成长的利益共同体，为员工赋能，成就员工，支持员工实现自我，员工自身及家庭生活越来越美好。

第二重：企业与合作伙伴所形成的生态

企业与合作伙伴之间互相赋能，从合作关系转变为真正的生态伙伴关系，形成不同组织共同发展的利益共同体。

第三重：企业与客户所形成的生态

企业开始深度参与客户的生活和工作，除了为客户提供产品和服务，还为客户提供深度赋能，为了让客户生活得更加美好而不遗余力，与客户形成共建美好生活的利益共同体。

第四重：企业与社会所形成的生态

企业承担社会责任，为社会问题的解决提供支持，为整个社会的发展赋能，重点表现在为教育事业的发展助力。教育是百年事业，只有从事百年事业的企业才能成就百年梦想。

今天的企业要与社会形成共同繁荣的利益共同体。

重新定义学习

我们的学习已经不再以知识的获取为目的，知识及知识的获取已经对所有人开放。自我内在的成长成为学习的新核心，人们迫切地需要探索自我、认识自我，实现自我的价值。学习开始转向自我成长，自我成长的学习过程是一个自我觉醒、自主选择的过程，是"明明德、致良知"的过程。

未来学习的特征有去中心化、自主学习、共修、共创、专注自我成长。新、旧学习模式对比如表后记-1 所示。

后记-1　新、旧学习模式对比

旧学习模式	新学习模式
以老师为中心	所有人都是中心
把成功者视作标杆	把他人视作镜子
被动学习	主动学习
被告知	自主探索
以掌握知识、能力为目标	以自身的成长为目标
向外探索	向内探索

持续成长

在完全掌握新的技能之前，面对真实场景中的挑战，我们会磕磕绊绊，漏洞百出，很难达成理想的效果，这会令我们失去信心。我们需要一个能够提供支持的场域环境，需要和志同道合者组成共修、共创的团体。我们的目的是学习和进步，这样就能形成安全且互相支持的环境，通过大量的刻意练习，经过不断尝试和反思，直到我们忘记了自己所拥有的能力，不再需要刻意使用，能力成为我们潜意识的一部分，我们就完成了这段学习的旅程。

"4C 团队教练"为企业领导者和团队教练开启终身学习和修炼的大门。无论你想成为一位职业团队教练还是想成为一位教练型领导者，在学习了"4C 团队教练"，熟悉了 4C 的理论、方法和工具之后，你都可以加入 4Club。当然，你也可以构建属于自己的 4Club。

4Club 是团队教练成长的摇篮，是生成企业未来生态的场域，是领导者持续自我成长的社区。

4Club 的目标

（1）成为赋能团队教练和团队领导者终身学习和成长的平台。

（2）采用定期或不定期的集体分享、共修与共创等方式陪伴所有人成长。

（3）分享：分享教练实践心得，分享各种团队教练工具，分享自我成长。

（4）共修：教练状态，支持社群成员内在状态的成长，以自我成长为目标。

（5）共创：团队教练的应用场景，以及不同场景下的创新，拓展团队教练的应用领域，在现有的理论基础上，进一步发展与完善4C 系统理论。

共修、共创

共修，关注人；共创，处理事。

在每次的共同学习过程中，我们首先需要保证给予每个人足够的关注，支持所有人对自己、对他人有更多看见，提升整体的能量状态，然后共创问题的解决方案。这样既保证了人与人之间的赋能与联结，也做到了对事情的高效处理，达到事半功倍的效果，形成良性循环。

在"4C 团队教练"的系统中，我们将共修、共创视作人们认识自我、提升能力、修炼教练状态的容器，视作一个刻意练习的场域空间。

经过共修、共创，支持人们发生真正的改变——形成联结模式，并且掌握全新的能力——有意识的对话。

自我成长是我们所有人一生的功课，因此共修、共创也是需要我们用一生来坚持的工作。如果能够加入一个长期共修、共创的团体，无疑是一件非常幸运的事情，这将是我们生命中最美好的一段经历，也终将成为我们生命中最大的财富。

共修

定义：共同修炼，运用聆听、反馈、提问和联结的能力，创造富有温度和能量的场域氛围，向内探索，以支持人的成长为最终目标。

共修是一个做减法，令一切越来越清晰简单，帮助共修者越来越接近最真实的自己的过程，是一个不断打破和放下的过程。

共修的七个原则

（1）彼此关注、陪伴与支持。

（2）慢下来，不打断，不评判，不解释。

（3）一起打磨聆听、反馈、提问和联结的能力。

（4）反观自我：所有人都是自我的镜子。

（5）赋能：微笑、肯定，始终保持积极的关注力。

（6）接纳：过程中发生的一切都是正确的，都是礼物。

（7）允许：即使没能遵守以上原则，也保持允许。

共修的流程

第一步：检查/开场准备

我此刻的状态如何？此刻内心有什么样的需求和渴望？

如果有需要支持的话题，请阐述自己的话题，并阐述为什么这个话题对自己很重要。

每个人对自己的重要内容做简单记录。

邀请大家记录下特别打动自己或自己特别好奇的内容。

第二步：探寻式提问

一次只能有一位案主。

所有人向案主提问，案主需要回答。

尽量使用开放式问题。

第三步：反馈

所有人都可以做出反馈。

反馈可以是"我听到你说……"，也可以是"从你说的话里我看到……"。

第四步：对自我的反思与觉察

案主陈述自己的发现与觉察。

有什么收获？

自己的话题得到了哪些明确？

接下来会采取什么样的具体行动？

第五步：总结

这是一场关于聆听、反馈、提问、联结的学习。每次共修以 7～12 人为宜，时长为 2 小时。可以有固定的共修主题，也可以采用开放式共修方式。

开放式共修：集体聚在一起的第一件事情是讨论如何开始这次共修，时间和主题都不事先设定，让大家的思想自然流动，该结束时就自然地做总结。

共创

定义：共同创造，指向未来的更大图像和可能性，运用聆听、反馈、提问和联结的能力，收集更多的视角，彼此扩展，打开思维，以全新的思考和创造为目标。

共创是一个做加法的过程，每个人都帮助其他人看到之前没有看到的部分，能够在更加全局和系统的层面观察和思考，从而发现全新的路，实现全新的突破。

共创的七个原则

（1）彼此关注、陪伴与支持。

（2）慢下来，不打断，不评判，不解释。

（3）保留和肯定所有观点。

（4）从更大的图像中看到全新的思考纬度。

（5）赋能：微笑、肯定，始终保持积极的关注力。

（6）接纳：过程中发生的一切都是正确的，都是礼物。

（7）允许：如果没做到以上原则，也保持允许。

共创的流程

第一步：开场准备/检查

本次共创的主题是什么？目标是什么？

共创伙伴轮流分享自己感受到的主题和目标的价值，以及自己此刻的状态和准备度。

第二步：开放视角

所有人开放分享自己对共创主题现状的观察，把所有的视角都记录下来。

第三步：集体反观

从所有关于现状的视角中看到了什么？有什么新的发现？（记录每个人的观点，集体看见集体的发现。）

第四步：寻找突破现状的可能性（路径）

开放分享每个人所感知到的可能性。

将每条都写下来。

第五步：集体反观

从这些可能性（路径）中有什么发现或反思？

第六步：行动计划

每个人都自主选择一个自我渴望尝试的可能性，将选择了相同选项的人组成小组，制订并分享行动计划，接受其他伙伴的检阅。

第七步：总结收获

所有人分享共创给自己带来的收获或发现。

每次共创以 5～12 人为宜，时长为 2 小时。共创需要固定的主题和目标。

一生的伙伴

我在一次公益演讲的课堂上遇到了一位老先生，他是中国台湾人，在美国工作、生活到 70 多岁。退休之后，他回到中国大陆，投身于环境保护事业。课程结束后，我非常荣幸有机会和他进行了深度交流，我被他博大的胸怀和深邃的智慧所吸引，于是我问："您后面几天有时间吗？我很想和您多多交流。"他说："实在不好意思，我明天就要去美国了。""您那边的事情不是都结束了吗？"我问。"是的，事情都结束了，可是我有一群生命伙伴，我们每个月都会聚到一起，分享收获，支持彼此成长，我们在一起 30 多年了，已经开始有人离开我们了，所以我要经常回去，和他们在一起。"他慢慢地说出这些话，我陷入了深深的沉默。

重新定义成长

"4C 团队教练"提出了知识、能力、智慧的成长模型（见图后记-1）。

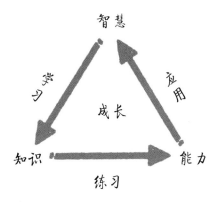

图后记-1　成长模型

知识：通过学习、书本、交流就可以获得知识。知识改变命运，可是有了知识并不代表命运就改变了，仅在头脑层面堆积知识，无法令现实变得更好。

知识能够让我们打开视野，让头脑变得灵活。

能力：我们所学习的知识首先要转化成能力，然后才能创造价值。从知识到能力的转化，需要经过大量的刻意训练，这就需要时间和大量的能量支持。

能力能为我们解决问题，创造更大的价值。

智慧：智慧来自生活，参与到生活之中，把习得的能力应用到生活中，面对各种事情，只有经历各种挑战，穿越一个个困境，我们才能够真正了解生活，获得智慧——真知。

智慧能够让一切变得更美好，让生活的意义得到升华。

向着光前行

金蛇的故事

有一条蛇生下来就被压在一大堆黄金下，它每天以黄金为食，慢慢长大，浑身散发出金光。有一天，一大块黄金从墙壁上脱落，光照进来，于是金蛇就顺着光亮爬了出去。金蛇爬过草地，穿过树林，越过小溪，最终在一个漆黑的夜晚来到了一座寺庙。有四位国王正在那里聊天，他们看到一条闪着金光的蛇出现在眼前。其中一位国王问："神奇的蛇啊，你从哪里来？"蛇说："我从一座金山里来。"国王接着问："那是什么比金山更有吸引力，令你离开金山？"蛇回答："光亮。"国王又问："现在是漆黑的夜晚，又是什么吸引你穿越黑夜来到这里？"蛇回答："谈话。"

这则寓言故事是我受歌德的神话故事《绿蛇与美丽的百合花》的启发改编的，它通过"金山""光亮""黑夜""谈话"这些隐喻来告诉我们：光可以照亮黑暗，指引方向，而能够指引人穿越黑暗的是谈话，谈话是唯一能够照亮内心的光。通过谈话，人与人之间实现情感的交流，感受到信任与被需要。同时，通过谈话，人们增加对自己的了解，看见并接纳真正的自己。每个人都走在成为自己的人生路上，也都需要在谈话之光的指引下前行。

固有的模式终将因为陈旧而消亡，封闭的思维已经裂开了一道缝隙，光照进来，仅这一束光就足以让每个人看到希望，你只要稍加留意就可以看到——集体正在向着光前行。

"4C 团队教练" 课堂视觉同传

4C团队教练.

所有外在 问题都是在遮掩 "我们的关系出问题了"

4C团队教练.

真正的团队是不论面对多大 的挑战, 都可以一起面对.

经过"团队教练"后的团队现状，
问题"会自然地变清晰.

4C的核心：
相信团队的力量，
相信流程的力量！

团队教练帮助成员重新看见. 听见.
感受到原本存在的却恰恰忽略的部分.

真正的改变和看见.

一切资源和创造力都在那，
等着被看见。

建立联结并不难：
有人讲，有人听并给予反馈。

每个人的人生纪录片
都值得拿到奥斯卡小金人。

SARA

PRICELESS

每个人都是唯一的，
不可复制的
孤品。

SARA

听到花开的声音.

当你分享自己的故事时,
自己与自己的关系会开始改变……

当你的故事可以鼓舞和激发别人时，
你也会被赋能。

SARA

自己越来越打开，空间就越大，
选择就越多。

SARA

表达出来，能量才会流动起来.

潜力可以激活整个人.

我是：
聪明的.
有温度的.
勇敢的。

一个人有勇气时, 拾
创造选择并勇于承担.

4C团队教练.

教练一个团队: 提升团队的能量, 到达"勇气"层级以上.

4C团队教练.

勇敢就是有勇气超越恐惧.

逼真的想象 = 潜意识的现实 = 现实!!

只有清晰知道它的样子,
才会找到它.否则也只能擦肩而过.

改变模式的方法：
❶ 无意识的意识化

改变模式的方法：
❷ 有3新的经历和体验

改变模式的方法：
❸ 大量的刻意练习

教练关注潜在. 为客户把已有的
资源和能力释放出来。

人生需要不断去重新定义.

一切的流动都比"一切"更有价值.

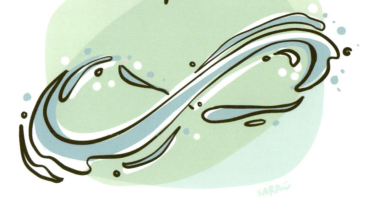

团队教练是要从根本上帮助这个团队
的土壤发生改变的。

通过对外界事物的观察与探索，
提升自我。

格物 致知

根扎在哪儿，
人就很难离开。

跨越三个世界 —— 打开三器

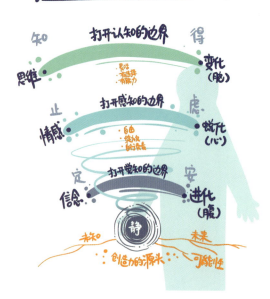

·4C模型·

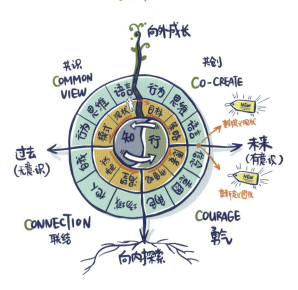

向外成长

共识
COMMON
VIEW

共创
CO-CREATE

过去
(无意识)

未来
(有意识)

CONNECTION
联结

COURAGE
乾

向内探索

S·T·E·P（四种对话·两种模式）

聽

　　视觉同传是跟随课堂现场的发生，创问合作视觉同传师 @Sara 现场捕捉特别有能量的时刻（知识点、金句），以及学员的即兴发言等，便于学员记忆和传播。

Create Coach
创问·教练中心

关于创问教练中心
CREATE COACHING CENTER

创问是一家专注于职业教练培养和教练文化传播的生态型组织。

创问致力于共创一个联结的世界，以"赋能个人与组织成功"为己任，秉承"联结"的价值观，携手整合全球资源，为组织与个人提供专业的教练培训和服务。

创问成立于2013年，总部位于上海，深圳为分中心，在北京、成都、大连、郑州、石家庄、无锡、温哥华等全球多个城市均有合作伙伴机构。

了解更多"职业教练认证"或"4C团队教练"相关信息，可关注微信公众号：创问教练中心

创问文化

使命：

赋能个人与组织成功

愿景：

共创一个联结的世界

价值观：

联结

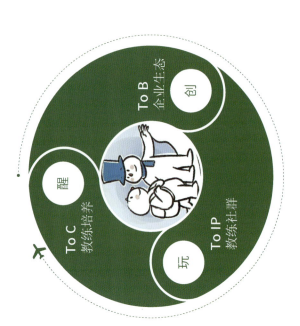

To C
教练培养

To B
企业生态

To IP
教练社群

醒

创

玩

CREATE COACHING CENTER

创问生态布局和产品

生命状态

「Living With Love 带着爱生活」

To C: 教练培养

醒
- 职业教练培养
- 职业教练认证

与教练对话（体验课）
纯净教练、ACC-PCC认证
进化教练、PCC直通车
督导认证班、MCC大师班

4C团队心教练TtT

To IP: 教练社群

玩
- 自组织社群
- 教练练习及延展应用

创问校友会、刻意练习实践社群
U型理论、觉醒商业
教练型创业者、企业方向教练
教练型教师、教练型父母、教练型HR
青少年成长、美学生活、中医健康

To B: 企业教练应用

创
- 团队心智升级
- 组织潜能释放

高管教练一对一

定制"4C团队心教练"工作坊

定制企业教练陪跑

"战略解码落地、组织变革、人才梯队建设、
业绩突破"等各类企业陪跑业务
教练文化及俱乐部打造、企业生态赋能

关于创问 "4C团队教练" 使用场景

个人端："4C团队教练TtT"课程

适合人群：培训师、教练、HR、企业团队管理者

需求场景

1. **培训需求变化：** 学习前沿培训理论和方法，应对 "95后" "00后" 等新生代员工管理需求。

2. **职涯拓展及铺垫：** 拓宽教练的职业发展面向，便于承接更多企业业务，助力专业化、商业化。

3. **响管理要业绩：** 团队内耗，部门各自为政，沟通低效，响应不及时，增长迟滞，希望搞定人、推动事儿，开启全新局面。

企业端：定制 "4C团队教练" 工作坊

适合企业：关注人、注重长期发展、有组织领导力升级需求的企业

需求场景

1. **战略压力，难以全员共担：** BANI 时代，市场不确定性增加，也许面临企业出海、变革转型、人才等各类挑战，老路无法复制，导致团队压力大大，无法前行。

2. **有战略无共识，目标难落地：** 面对全新的战略目标和挑战，缺乏整体共识、信心和新路径。

3. **各自为政，跨部门合作不畅：** 组织或团队沟通效能低，团队冲突，跨部门合作难。

4. **空降Leader，团队难以融合：** 组织架构调整和部门重组，空降领导带老团队，或者新组建团队，吸须团队融合。

了解更多 "职业教练认证" 或 "4C团队教练" 相关信息，可关注微信公众号：创问教练中心

关于创问 "定制企业教练陪跑"

AI时代，突围企业管理困局的新思路

传统培训

知识为中心
聚焦事情
关注症状
面向经验
专家为主
对抗压力
既定流程
遵循过去

教练陪跑

业务为中心
聚焦人
关注本质
面向潜能
赋能为主
激发热情
灵活迭代
指向未来

定制 "企业教练陪跑" 使用场景

适合企业

1. 企业文化升级迭代：关注人、注重长期发展、有组织领导力升级需求的企业。

2. 需要变革与业绩突破的企业：公司转型、探索新的方向和第二曲线、企业创新、企业出海等。

需求场景

1. 不确定性下求变发展：BANI时代与市场的巨变与骤变，不进则退，新时代带来实现'次方大增长的新机遇，如何打造面向未来（无人区）的创新团队？

2. 企业出海破局：拓展海外新市场，新情境下，老路无法复制，挑战全新而复杂，团队心力不足，难以破局。

3. 组织变革转型：从产品思维到生态思维，从老模式进化到新模式举步维艰。

4. 日常团队管理：各类跨周期，跨地域、跨文化、跨代际的领导力发展，团队融合需求，认知亟待拉齐。

Create Coach
创问·教练中心

关于企业教练陪跑，创问的优势

1. 系统性

"点线面体"的针对性系统解决方案，以业务为中心，聚焦人，关注本质，区别于传统培训、咨询行业等单向输出方式。创问围绕"醒、玩、创"的学习理念，搭建持续"学习、练习、运用"的学习平台，聚焦长期长期主义，最终实现团队整体心智提升。

2. 赋能性

跳出"问题"思维，面向未来的愿景和目标。激发每个人内在的"渴望"，而非恐惧，最终提升团队整体势能和勇气，释放团队潜能。以更加良好的状态，助力业务目标更好地落地和达成。

3. 持续性

可定制"高管一对一教练"或"4C团队教练"陪跑服务，长期陪伴并支持核心团队成员"自上而下"或"自下而上"地完成组织环境"松土"，看见团队盲区和模式（思维、行为、语言），实现组织领导力跃升，助力永续经营。

系统性　持续性　赋能性

了解更多"职业教练认证"或"4C团队教练"相关信息，可关注
微信公众号：创问教练中心